ADMIRABLES

Admirables

Vidas sazonadas

Isabel González Turmo

Prólogo de Ferran Adrià

EDICIONES TREA

LA COMIDA DE LA VIDA

© Isabel González Turmo, 2025
© del prólogo: Ferran Adrià, 2025

Motivo de cubierta: Miguel Puya: *Anatomía de la melancolía*

© de esta edición:
Ediciones Trea, S. L.
María González la Pondala, 98, nave D
33393 Somonte-Cenero. Gijón (Asturias)
Tel.: 985 303 801. Fax: 985 303 712
trea@trea.es
www.trea.es

Dirección editorial: Álvaro Díaz Huici
Producción: Patricia Laxague Jordán
Maquetación: Alberto Gombáu [Proyecto Gráfico]

ISBN: 978-84-10263-85-7
Depósito legal: AS 00048-2025

Impreso en España – Printed in Spain

Admirables son los que llenan estas páginas y muchos otros que llevo en la memoria. Durante años los he recordado, aunque no volviéramos a encontrarnos y coincidiéramos poco tiempo. Sus testimonios fueron tan potentes que me han acompañado como evocaciones de la mejor vida.

Admirable es la atención a la comida, al cultivo, al mar, a la cocina, a la conservación. Admirable es repartir lo bueno, compartir la mesa, educar el gusto, difundir lo que se descubre, investigar, profundizar, soñar, imaginar.

Admirable es agarrarse a lo que sustenta, sobrevivir, no darse por vencido.

Gracias.

Prólogo

Admirar es detenerse a contemplar lo que parece sencillo, pero es profundamente esencial. Isabel González Turmo, en estas páginas, nos invita a un viaje a través de las historias de aquellos que han dedicado su vida a lo admirable: a la comida, al cultivo, al mar, a la cocina. Pero no es solo la técnica o el conocimiento lo que distingue a estos seres, sino la pasión con la que comparten lo aprendido, la manera en que transmiten el legado de generaciones y el respeto por lo que la tierra y el mar nos ofrecen. En *Admirables*, cada relato es un reflejo de cómo la dedicación y la humildad pueden transformar lo ordinario en extraordinario.

A través de estos testimonios, nos sumergimos en un mundo donde la atención al detalle y el amor por el acto de alimentar van más allá de la simple supervivencia. Son historias de resistencia, de sueños hechos realidad y de un inquebrantable compromiso con lo esencial: compartir, educar y difundir el conocimiento. Isabel logra captar la esencia de lo admirable, esa fuerza que impulsa a no rendirse, a seguir adelante, a agarrarse con fuerza a lo que sustenta. Al final, este libro es un homenaje a todos aquellos que, con su ejemplo, nos enseñan que la mejor vida es aquella que se construye en torno a la generosidad, la pasión y el respeto.

Ferran Adrià

Índice

Admirables

La historia de la humanidad en seis kilómetros

A Fernando Bigote, a los cocineros entre el mar y la tierra
El Inglesillo y Bajo de Guía, Huelva y Cádiz

¿Es posible que la vida de un hombre salte sobre la historia con sólo cruzar la desembocadura del Guadalquivir? Esa pregunta tan extraña me hacía mientras escuchaba contar a Bigote, desde esa sonrisa que no se le cae de la boca, el relato de su vida. En realidad, me la contó hace cuarenta años, pero siempre he querido escucharla otra vez. Las imágenes que dibuja su pulido vocabulario no han dejado de rondarme durante todos estos años. Ahora lo escucho de nuevo, mientras mis ojos se clavan en el horizonte, en el cielo azul reflejado en el río, en los arenales del Coto de Doñana. Después, vuelvo a los ojos azules de Fernando Bigote. El milagro está a un metro, al otro lado de la mesa, en Bajo de Guía, Sanlúcar de Barrameda.

Hay personas que dan fruto casi sin tocar la tierra. Hay personas que tienen el don de la gentileza y ligan todo lo que tocan. Y hay personas que convocan en una vida la vida de la humanidad, como si su tiempo se estirara hasta donde no llegan sus contemporáneos. Muchos nacieron el mismo día y han vivido los mismos años que Fernando, pero pocos pueden contar que en el trascurso de su vida pasaron de pescar, cazar y recolectar, como antes cientos de generaciones, a sobrevolar la globalización. Y todo eso, sin cambiar el genio y al tiempo que multiplicaba sus talentos. Algunos dirán que es casualidad, suerte. Pero no: es un don que se recibe y un arte que se cultiva. La historia empieza en el Inglesillo, playa de Malandar, la playa del Coto de Doñana, siendo casi un niño, cualquier mañana de febrero de 1960.

Teníamos, me cuenta Fernando, una canoa con una vela latina y seis remos, y unas piezas de red de un mallaje del siete, y ahí se cogía la corvina,

porque venía a desovar a la orilla y nosotros íbamos con la canoa al día siguiente a recogerlas. Teníamos que salir cuando hay mar de leva y hay unas
olas (Fernando habla de la mar de leva en presente; es presente en su memoria), teníamos que salir con la canoa, que la llevábamos todos los días hasta
la choza con rolletes hechos con corcho redondo y un palo... la canoa tenía
seis metros o siete. Teníamos que salir por las chorreras que hacen las olas
con la mar de leva. Muchas veces le teníamos que poner el palo de la vela a la
canoa, porque volcaba, para que no nos cogiera abajo y así cogíamos las corvinas. Si hacía buen tiempo, podíamos venir con viento favorable, poníamos
la vela y cogíamos cantidad de corvinas.

En el Coto comíamos pescado y allí mismo había muchísimos conejos.
Después, nos íbamos para la marisma a coger los huevos de gallareta. En la
choza teníamos una *rafá*, como si fuera una marquesina, y allí teníamos siempre la candela encendida con una cafetera de hierbas, de *marabú*, porque allí
era lo que tomábamos y allí es donde guisábamos. Era con piedras y leña del
Coto. Y allí justo, detrás de la choza, en una duna, debajo de la duna, teníamos
un pozo hecho con las barricas vacías de las sardinas arenques, de madera.
Bueno, pues con tres o cuatro barricas, que tenían un peralte de unos veinte
o treinta centímetros, debajo de la duna hacíamos un agujero y teníamos allí
un agua dulce que salía de la duna, del cerro, y así vivíamos. Cuando cogíamos
los huevos esos, en el perol, que teníamos un perol grande, le poníamos mucha
cebollita, un poquito aceite y la poníamos en el fuego, en lo alto de las piedras
y aquello, cuando se ponía la cebollita así, guatita, la apartábamos y empezába-
mos a echar huevecitos de gallareta y su poquito de sal, lo poníamos otra vez,
hasta que se cuajaba la clara y lo comíamos con el bollo y el pote con vino, que
era de garrafas de la Palma del Condado, y entonces nos poníamos cada uno
a tontear, a comer, y el vino lo tomábamos en las latas de la leche condensada
lavaditas. Algunos las tenían arregladas con asa, pero otros, no. Cocinábamos
en un perol y los espetos de corvina o de otro pescado de la orilla los hacíamos en la misma fogata esa: el espeto y un trozo de corcho debajo del pescado
y encima del corcho una rebanada de pan y se iba asando y la grasa del pescado caía en el pan. Éramos cuatro chavales de aquí, de Bajo Guía: el Pepe,
el Chivo, el Chupete... allí teníamos apodos todos. Y uno, que era el Barbo,
con veinte algo de años, que mandaba un poquito, el patrón. Las cebollas del

coto algunas veces las sembrábamos allí en el mismo navacete, porque eran cebollinos, detrás de la loma, que había agua y era muy fértil. Más no, que no teníamos tiempo, con la red y con eso. Y después que no, que allí nunca hemos sembrado. Estábamos tres o cuatro meses, porque cuando pasaba la temporada de la corvina que ya desovaba, entonces se calaban nasas para coger chocos y los chocos nos servían para carná, que calábamos unos palangres, que era una cuerda donde llevábamos muchos anzuelos, una potala es con lo que se aguan- taba la red, una piedra grande con cemento o grava con unas argollas, donde amarrábamos la red, el pico de red donde va el plomo, y en la parte de arriba le poníamos unos boyarines de corcho, porque la red esa era una cortina, que por arriba tenía corcho y por abajo llevaba plomo, y venía una corvina, pegaba y se quedaba enredada. Las corvinas veníamos a venderlas a Sanlúcar y ya nos llevábamos el pan y lo que fuera. De ahí, del Coto, me vino ya a mí noción de lo que era guisar. Me dejaban a mí que yo guisara, me decían: vamos a la chorraera, quédate tú ahí.

Ahí, junto a la candela se quedó Bigote, pero no quieto. La cocina del niño que cazaba a lazo y cocinaba encima de las piedras es hoy avanzadilla tecnológica. En el curso de una vida se ha retratado el salto de gigante que va de arrimar al fuego lo pescado y recolectado a la cocina inteligente. Sus guisos son los de siempre, un poco adornados, pero su cocina no se ha re- sistido a la digitalización ni él a los continuos desplazamientos que lo han llevado de Londres a Madrid y a tantos destinos, con sus hijos, con su primo, con sus nietos. Porque Fernando reúne alrededor de su candela a la familia, a los cocineros que empezaron de prácticas y se van y vuelven, a los amigos. Como se le arrimó hasta sus últimos días el que recuerda siempre como mi Almirante, el que lo reclamó en la mili y al que sirvió de lazarillo, siendo él ya cocinero de renombre, cuando quedó ciego: lo llevaba a afeitarse, lo acercaba a la orilla, le ponía en la mano ese catavino que le daba la vida. Hay personas que tienen el don de la gentileza.

Han mediado sesenta años y Fernando se ha quedado junto al fuego que ha sido su fortuna, pero aprendió a coger las chorraeras que hacían las olas y así se ha pasado la vida: en una chorraera cogió en traspaso la taberna que dejó su padre en Bajo de Guía, cuando la subasta del pescado y con ella los marineros se trasladaron a Bonanza. Ahí empezó a dar guisos donde sólo había vino. Y en otra, con Paco, su hermano, empezaron a dar café. Y en la siguiente, compró el local. No ha habido oportunidad que desaprovechara Fernando. Como si nada, sin hacer ruido, como si las chorraeras lo llevaran a la televisión, a los congresos, a los jurados, al reconocimiento entre los mejores. Habrán venido difíciles y más de una vez le habrá tenido que poner el palo de la vela a la canoa, para que no le cogiera debajo, pero eso no lo cuenta o, a lo mejor, ni siquiera lo ha apuntado en la historia de su vida, porque Fernando vive con la sonrisa entregada.

El conocedor

A Luis de las Palomas, a todos los que miman su tierra
Carcabuey, Subbéticas, Córdoba

Cuando Luis se fue con catorce años a trabajar a los hoteles, a las Barcelonas, que es como le decían a la Costa Brava en el pueblo, pensó que dejaba atrás para siempre lo que había visto y hecho en el campo desde que nació. El mar se mostró por primera vez, todo azul, como todo verde era el horizonte de olivos que había visto a diario desde niño, nada más salir del caserío de Las Palomas, donde vivían sus padres. Todo olivos, tanto si miraba para el Cerro del Moro, como para las Zagrillas, la Angostura o los Mármoles.

Los hoteles no le dejaban mucho tiempo para pensar. Cuando terminaba su jornada, echaba horas donde podía y, de vez en cuando, escribía unas líneas con unos billetes a sus padres. Las semanas corrieron, unas tras otras, y detrás los años, mientras guardaba casi todo lo que ganaba. Con lo ahorrado, volvió, deseando volver, y siguió juntando: al tercio de la fanega de su padre que le correspondió sumó la parte correspondiente de su suegro, por su mujer y, poco a poco, año a año, fue aumentando la aparcería, hasta llegar a treinta fanegas, que lleva hoy con la ayuda de tres rumanos a los que tiene enseñados. Mucho trabajo, pero Luis responde. Su padre y su abuelo fueron trabajadores, leales, hombres de fiar. Todos saben de dónde viene Luis y es de fiar.

En el campo, los días, los meses y las estaciones mandan, no es como en los hoteles. Hay que saber lo que la tierra y sus frutos demandan en cada tiempo. Eso Luis lo traía aprendido, no sabe si de tanto trabajar de niño o de la cuna misma, porque, siendo verdad que se aprende toda la vida, a él le fue brotando el saber, sin proponérselo, como brotan las varetas que cada año quita en su tiempo a los olivos. Una faena sigue a la otra: podar, controlar las plagas, vigilar el cuaje y abonar, varetar, evitar el repilo, recoger a mano, nada de vibradora, y llevar esa aceituna de árbol, que no de suelo, a la cooperativa para el chequeo del aceite verde, que tiene que ser perfecto y pasar el cribado de tres pares, que como descubran una manchita en la aceituna, la devuelven. Solo vale la mejor. Por algo es el mejor aceite virgen extra del mundo. No lo dice él. Ni lo dicen los del pueblo. Lo dicen los que deciden cada año cuál es el mejor AOVE del mundo.

Además del olivar, Luis cultiva sus membrillos, que también exporta la cooperativa, muy caros, porque tienen una acidez especial, y mima la camuesa, una variedad de manzana que solo se da en esta sierra y que es un primor por su sabor y porque se conserva todo el año sobre madera, sólo con darle la vuelta cada tanto, al tiempo que se va encogiendo hasta quedar del tamaño de una perita de San Juan. Y cuando dejan recoger ajos en La Rambla, después de cosecharlos, va y los guarda para todo el año, como conserva los frutos de su huerto, las hierbas que recolecta su mujer y lo que él caza, mayormente en escabeche. La primera veda es la de la tórtola, la codorniz y la paloma, en agosto y septiembre; después, hasta enero, las perdices, los conejos y las liebres, y ya empieza la caza mayor, que no va porque para ellos dos solos... Los hijos estudiaron y ayudan, pero no es lo mismo, y su mujer y él van cumpliendo años. Quién quedará al tanto de la tierra. Vaya usted a saber. Al día, hay que vivir al día.

Soñando nombres

A Teresa, a todas las pasteleras inventoras
Serranía de Ronda, Málaga

Cuando mi suegra se quedó viuda con cuatro niños, puso la panadería. Le fue tan bien que terminó de pastelera. Eso fue en la época que se dejó de amasar en las casas. Antes, cada una llevaba su pan al horno, que todavía vive aquella mujer. El horno moruno le decían. Siempre estaba lleno de mujeres, trayendo sus panes, amasando allí mismo sus dulces, charla que te charla, mientras que la mujer del horno trabajaba sin abrir la boca. Lo último que le decían es: ¿Qué te debo? Y se iban, pero entraban otras. Cuando queríamos saber el tiempo, se lo preguntábamos a ella, porque si caía el hollín de su horno era que iba a llover. Todavía está el horno abierto, pero no va nadie. Ahora es muy mayor y está sola, sola, sola, soltera como es y sin nadie que vaya al horno, con lo gastados que están los escalones, que se ven las marcas de la gente que los ha pisado durante siglos.

Pues mi suegra, cuando terminaba de vender el pan por las tardes, empezó a hacer dulces y a venderlos. Tiraron más los dulces que el pan y terminó de pastelera. Lo había aprendido de su abuela, que los hacía por Navidad. Lleva más de treinta años haciendo dulces y ahora los hace de dos clases: los catetos y los finos. Los catetos son los de toda la vida: el mantecado, los rosquillos, la torta de aceite. El dulce fino lo aprendió después y lleva chocolate y crema y esas cosas. Pero mi suegra quiere hacer dulces y tartas con más sabores y colores, sin ser colores sintéticos, sino los colores de verdad. Sólo ha inventado unos pocos, porque apenas le queda tiempo para inventar, de tanta gente que viene a por los finos y a por los catetos, que los hace con clavo, canela y matalahúga. Los del pueblo quieren los finos y los de fuera, los catetos. Se los encargan y vienen de la costa a por ellos.

Ha inventado una tarta con frutas naturales, con naranja o limón, y otros los pinta con huevo, pero mi suegra lo que más quiere es bautizar los dulces que invente, que se queden para siempre con los nombres que ella les ponga. Y colecciona los nombres de dulces de muchos pueblos. Son muy bonitos: Arrogave, Túetano, Fabiola, Resolí, Gloria, Mimo, Melindre, Piñonate, Repilada, Hojarasca y muchos más, que no me acuerdo. Pero ella va a inventar los suyos. De noche, cuando se acuesta, los sueña y ya tiene muchos, de una sola palabra, como los antiguos, y en español, no cruasán y así. Pero no los dice. Hasta que no tenga el dulce y no lo bautice no lo quiere decir.

Monalisa

A Julia Gamarra Alegría, a todas las madres que dejan
atrás lo que más aman y aun así les late el corazón
Carahuasi, Perú. Sevilla, España

Al cerrar la fiambrera y respirar por última vez su pollo a la peruana, recordó los guisantes aderezados de su madre. ¡Eran tan dulces! Ponía a los hijos en una manta, los que hubiera a mano de los doce que eran, y cada uno tenía que pelar su plato. Con cebolla y patatas cocidas estaban buenísimos. Recuerda el sabor, también el olor de su madre. Olía bien su madre. Cuando maduraban las calabazas de lustre, su padre hacía un hueco en la tierra y ponía la leña del anís de grano, no el estrellado como aquí, y paja. En las ascuas, colocaba la calabaza que su madre había rellenado de azúcar, canela y clavo. Al final del día la sacaba y salía dorada, caramelizada. La comían de postre. Hasta las pipas estaban deliciosas. Añora comer eso.

Con cuidado de no rebosar, rellena otra fiambrera. Por un instante, se ve reflejada en el cristal. Dicen que se parece a Monalisa, pero con la sonrisa más franca y las manos abiertas. Dar como su madre, aunque ella no mezcla azúcar, canela y clavo, y quizá no le interese saber que, además de cantar Lola Flores lo de *Échale guindas al pavo que yo le echaré a la pava azúcar, canela y clavo*, era propio de la cocina española antigua. Hace mucho que no se mezclan en España, pero sí en Carahuasi, entre los quechuas, al norte de Machu Picchu, que dista de su casa sólo día y medio a pie. Allí siguen su padre y algunos de sus hermanos, que otros están en Cuzco y en Lima, y tres hermanas además de ella en España, en Sevilla pasando calor.

Allí quedaron ese azúcar, canela y clavo en la cocina, como testimonio de una forma de cocinar que llegó de España para quedarse, como se quedaron el rico vocabulario y la buena educación que todavía son norma allí y aquí reliquia.

Cierra la última fiambrera. Deja algo para comer con su hija. El resto es para regalar a las casas donde va a trabajar. Le gusta regalar, es su placer. Su madre y su tía también daban de comer a todos. Su madre criaba el cuy, hasta ciento cincuenta sólo para comer en casa, y el día de su cumpleaños le gustaba poner un cuy para cada hijo. El cuy se parece a la cobaya, pero es más grande. Cuando lo rellenaba, que otras veces los freía aderezados con ajo y limón y empanizados con maíz molido, costaba comerlo entero, de tanto como llenaba. Los iba friendo de tres en tres en una sartén grande de cobre, con aceite muy caliente, y todos se hartaban. En días corrientes, los ponía cuando veía que estaban mudando el pelo. No los despellejaba, sino que los pelaba después de escaldarlos en agua caliente, sin que llegaran a hervir, y el pelo salía rapidito. La carne es bien magra, blanca y el pellejo sale crujiente y sabroso. Todo lo que hacía su madre estaba rico, lo de diario, guisos de patata, sopas de calabaza, huevos, maíz mote blanco y amarillo, y lo especial. Todo. Y abundante, que disfrutaba dando de comer y eso le pasa a ella.

Todavía niña, con doce, la mandaron a Lima a acompañar a una señora mayor rica. Allí pasó hambre, porque en aquella casa apenas se comía. Después de un año, la recogió su tía Tula, que también vivía en Lima y daba de comer a todos los que venían del pueblo. Tenía cuatro hijos y ganaba cosiendo de la mañana a la noche, que había aprendido de las Hermanas Mercedarias que la recogieron con cinco años, cuando su madre murió. La criaron con mucho cariño y le enseñaron a coser con primor. Ella aprendió mucho de su tía, pero siempre recordaba a su madre. Pudo volver de España para cuidarla antes de morir. Da gracias a Dios.

Cuando llegó a España no fue fácil. Dejaba en Lima a su marido y a su hija de dos años. No trajo una sola foto de su hija, porque veía que no iba a ser capaz. Cada tanto hablaba con ella de madrugada, por el cambio horario, y mandaba dinero. España no era como esperaba, porque ella venía de una capital caótica y la llevaron a un cortijo para cuidar a cuatro niños, la plancha, la casa, la comida, barrer el patio, para todo. Mucho trabajo. Sólo paraba para la siesta, pero eso la mantenía ocupada. Así no pensaba. El guarda, que era buen hombre, la llevaba los sábados al autobús para ver a sus hermanas y, a veces, se cruzaba con una blancona que trabajaba en otra casa del cortijo. Fue duro. Más, cuando volvió de vacaciones después de tres años. Su marido ya la había dejado por otra y su hija le pidió que la metiera dentro de su barriga y la llevara de vuelta a España con ella. No pudo ser. Hubo que esperar tres años más. Mientras tanto, trabajó y flotó. Hay gente que flota la echen donde la echen y ella flota. En el cortijo, añoraba a su hija al tiempo que disfrutaba de las flores, de la fruta, del campo y ¡de la tina!, la bañera. Es lo que más echó de menos cuando se fue del cortijo dos años y medio después.

El corredor de obstáculos

A don José Mataix, a todos los nutricionistas
Entre Yecla y Granada.

Quiero que escribamos un libro que sea un compendio sobre la dieta mediterránea, sobre toda su historia, sobre cada alimento, sobre sus valores nutricionales.

Quiero reunir a todos los que sepan sobre aceite de oliva virgen extra, que es lo único que existe que es dos veces virgen, y publicar sus conocimientos.

Quiero que recopiles toda la simbología que existe sobre el aceite de oliva. La mantequilla es para los hindúes el ombligo de la inmortalidad y para los celtas la sustituta de los tesoros naturales dorados —la miel y la cera—, otros la consideran la energía sagrada capaz de levantar al universo. El aceite de oliva virgen extra tiene que ser más.

Quiero enseñar a comer en los colegios desde una Escuela de Salud Pública.

Quiero que evaluemos la dieta de preguerra antes de que se mueran los que la vivieron. No lo ha hecho nadie y se van a morir. Cuantificaremos con las medidas que nos den. Me da igual lo que digan mis colegas.

Quiero que mis dos hijas ciegas tengan para vivir cuando yo muera y voy a hacer un anuncio de Cola-Cao. Me da igual lo que digan mis colegas.

Quiero aprender a convivir. Con las personas que se quiere, con mi mujer, por ejemplo. No tiene sentido discutir, porque la acorralo con razones y es como las cabras, que cuando me doy cuenta, ha saltado a otra piedra y ya no la cojo.

Quiero que me llaméis porque me voy a morir. Estoy llamando a todos los que quiero, antes de morirme para decirles que los quiero.

El que habla es catedrático, vicerector, murciano, corredor de obstáculos. Su pasión es la alimentación. Su entrenamiento, el aprendizaje continuo, incluidas otras disciplinas, que la alimentación, insiste, es un hecho multifactorial. Su reto, terminar todas las carreras de obstáculos que tiene en marcha. Su baza, la comunicación. Se sabe con cabeza, con corazón, con valor, ambicioso, flexible, negociador. Nada lo frena, nada lo achica, aun sabiéndose perdedor por mor de otros y sujeto por amor a su mujer y a sus hijas. Sólo necesita tiempo, pero sigue y va donde lo esperan y donde no lo esperan. Sigue hasta el final. No sabe si su último salto será al vacío.

Rectas, ángulos y sombras

A Manuel Salinas y a todos los hijos que comen
hasta la muerte con sus madres
Sevilla

En España, la mitad de los adultos entre dieciocho y treinta años sigue vi-
viendo en casa de sus padres. No es el caso. Otros siguen yendo a comer a casas
de sus madres. Ese sí es el caso, aunque el varón que nos ocupa tenga muchos
más años y casa propia, magnífica, por cierto. Cada día, sobre la una y media,
enfila como un resorte el kilómetro y medio de estrechas calles que lo separan
del comedor de su madre, sin levantar la vista del suelo, no sea que alguien
lo pare para saludarlo y llegue tarde: Jesús del Gran Poder, El Duque, Sierpes,
Salvador, Placentines y Mateos Gago o, si va con tiempo, para en La Alfalfa
a tomar dos cañas y sigue por Corral del Rey y el callejón del Aire hasta Mateos Gago, el destino. Las calles están enfiladas formando rectas, salvo escasos
ángulos rectos y obtusos. Las líneas del trazado repetido figuran en su memoria
como si fueran el esbozo de un dibujo a lápiz. Las conoce al dedillo y sabe
sortear las aglomeraciones, sin levantar la vista, sólo por las sombras que distingue a unos metros de sus pies. Un instinto atávico lo reclama: dos platos
y postre servidos por la izquierda sobre mantel. Después, siesta.

Probablemente, será su única comida seria del día, como los dromedarios,
porque el resto de la tarde la pasa observando los grandes lienzos por pintar
o la pared, sin más, y las horas transcurren en un vuelo, sin tiempo para pensar que hay que volver a comer, hasta que llama el hambre, prudente, no sea
que la nevera esté vacía o no llegue Diego, Diego Carrasco, que vive en la azo-

tea, pero comparten estudio. También comparten gastos, silencios y lealtad. No es poco. Por eso, celebra sin mediar palabra lo que ponga sobre la mesa: gazpacho en verano y en invierno, una sopa o unas verduras, siempre que sean sin ajo; a veces, incluso acedías o se arranca él y hace huevos escalfados, que no le salen mal. O viene una amiga con croquetas o alguna otra los saca a cenar al italiano. También vienen colegas: Atín Aya, Manolo Gómez Casas, pero no suelen traer nada, si acaso un poco de queso, y hay que estirar lo que Diego hurga en la nevera. Pero no importa, el estómago se templa en la seguridad de que, al día siguiente, la mesa estará servida a las dos.

No croquetas

A todas las cocineras valientes y a esta mujer,
que prefiere guardar su secreto
Un pueblo de Almería

Una mujer me contó que se había excitado viendo una exposición de fotografías en la Casa del Pueblo de su pueblo. Desde entonces dejó de hacer las recetas de siempre y le entró un afán irrefrenable por probar nuevas recetas y no sólo eso: ¡por inventar!

Todo lo de antes dejó de tener relación con ella. No lo soportaba. Pero no pensó en cambiar de marido, de casa o de trabajo. Sólo le resultaron insufribles las patatas en ajopollo, el ajo colorao, la tortilla de patatas, los filetes empanados y las croquetas. Estaba dispuesta a no hacer nunca más croquetas, por mucho que se lo pidieran en casa. De hecho, probó dos veces: la primera le salieron líquidas y las segundas duras. No. Se había acabado. Sólo podía hacer algo nuevo.

Internet era una fuente inagotable de recetas, incluso para lo que había en el pueblo, aunque no encontrara Terayaki ni atún salvaje ni jengibre ni quinoa. Además, aunque empezara siguiendo la receta, al final le daba un volantazo. La tentación era irresistible. Su marido le preguntaba: ¿Por qué me haces esto? Ella sonreía y procuraba buscar sabores afines. No era su intención fastidiarlo ni que adelgazara, pero no se podía resistir y un día echaba un chorreón de ginebra a los garbanzos y otro freía el pescado en manteca y lo espolvoreaba con tomillo. En su calle y en su pueblo no se enteraron. Lo guardaron como un secreto. Así estuvo nueve meses y de un día para otro, se le pasó.

Capitana General

A doña Pilar Juliá, a todas las empresarias de la hostelería
Puesto de los Monos, Sevilla

Tengo noventa y cuatro años, pero estoy muy bien. Yo creo que voy a vivir más. A lo mejor, hasta más de cien, hasta los ciento ocho o así. Me queda mucho por hacer. Todavía llevo la contabilidad de la empresa. Toda la vida la he llevado en mis cuadernos, desde que monté mi primera empresa. Mis hijos, todos varones, trabajan conmigo, y mis nietos. Bueno, algunos trabajan y otros hacen como que trabajan. Esto tiene que gustar. Yo lo aprendí de mi padre, que vino de Madrid, aunque era de León, y montó el café París, el mejor de la ciudad y en la mejor esquina. Tenía sillones de terciopelo rojos, mesas de mármol y todas las paredes cubiertas de espejos. Se reunían grupos de hombres: una mesa de médicos, otra de tratantes, otra de comerciantes... y los comediantes que iban a partir de la una de la noche y tomaban pescado frito o chocolate. Mi hermano era amigo de todos y si yo me ponía mala, de pequeña, bajaba y el médico le daba la receta allí mismo. Los camareros tenían mandiles largos hasta el suelo y un café era una cosa complicadísima, porque no era el café sólo, como ahora, sino que, además, iba el agua, con unas gotas de anís o de zarzaparrilla, y, si no, el azucarillo que era azúcar derretida en el agua, como el sainete de Bretón que se llama *Agua, azucarillo y aguardiente*. Y un panal era un azucarillo con forma de panal que se metía dentro del agua y se derretía. Todo eso no se pagaba. Iba en el precio del café. Y con el café se pedía también la letra, el periódico, y echaban allí la tarde. Claro que el café era caro por el sitio, que los demás cafés ponían el grito en el cielo, y la clientela era buena. Entonces se daban muy buenas propinas, porque a lo mejor un señor dejaba el resto hasta la peseta, que era casi un tercio de lo que le había costado el café. Pero después, en esa época, cuando fue la revolución rusa y la gente se creía que iban a repartir los millones, empezaron a decir que la propina denigraba al hombre. Mi padre se puso malo con todas esas cosas, que no lo podía aguantar. ¡Si hubiera sabido lo que venía después! Y cerró hacia el año 24 o 25, después de casarme yo, con diecisiete años.

Mi marido, que era el encargado del café, pasó a llevar el ambigú del Círculo de Labradores, pero en cuanto críe a mis hijos, empecé a trabajar. Tenía claro que el café no era ya el modelo de negocio. Entonces, había en Sevilla muchos sitios donde comer y beber, en proporción a la gente que había, casi más que ahora, y el centro era muy caro, además de ser calles de hombres, sobre todo la calle Sierpes, que estaba llena de tratantes y había muchos billares, cafés, círculos y los señores ponían las sillas en la puerta, de manera que la señora que pasaba por allí, tenía que oír un murmullo… quién era, quién no y más cosas, porque entonces se conocía todo el mundo. Yo quería hacer algo nuevo y el primer negocio que monté fue una terraza, justo enfrente de la fábrica de cerveza Cruzcampo, en la otra punta de la ciudad. Daba la cerveza en jarras alemanas tapadas de un litro, que cundían como dos, porque guardaban la presión y hacían espuma y, al pasarla a los vasos, cundía mucho. Se corrió el bulo de que el bar estaba conectado a la fábrica por tuberías y tuve un éxito enorme. Con eso, monté otra cervecería en la calle Gallegos, donde además daba comidas y, ya durante la guerra, tuve el bar Alfonso, que entonces se llamaba bar Gibraltar y no le cambié el nombre porque no me dio la gana. Aunque entonces se decía que Gibraltar no existía, igual que tampoco existía Rusia. No se decía ni el nombre y a la ensaladilla rusa se le cambió el nombre por ensaladilla sevillana. En el ambigú Gibraltar tuve yo, de un día para otro, a todo el cuartel general de los alemanes y los italianos y yo, en medio. Una cosa tremenda.

Espera un momento que tengo que confirmar que ha llegado un pedido.

Por donde íbamos: en los años cuarenta puse la Hostería del Prado y también tuve muchos años el bar y el restaurante del Círculo de Labradores. Mi marido murió en el 45. Tenía yo 41 y lo cerré todo, pero pocos años después volví a empezar con un bar Juliá pequeño y empecé a hacer unas tapas nuevas, que no se conocían. Un éxito. Lo tuve hasta que abrí El Puesto de los Monos en el 63, que era una carbonera y hice un bar grande y modernísimo. Solo dejé al mono en la jaula, que era su sello. Al poco, cerré el Juliá chico para no hacerme competencia a mí misma y unos años después monté la cafetería de la Borbolla, que estaba para abrir el año que murió Franco y no la pude inaugurar hasta un año después, porque el edificio era de militares y estaban de luto. Pero entre tanto, tenía los restaurantes de las casetas buenas de la Feria y el frontón de Sierpes, y empecé a trabajar el catering, del que fui pionera. Yo ya había dado banquetes antes, porque siempre he servido bodas y banquetes a la calle, pero fui a más y, cuando vino Eva Perón, serví el banquete.

Mi cocina ha sido siempre andaluza en el tapeo, siendo yo gallega, pero internacional en los banquetes. Ha sido imaginativa. Sé reconocer el primor de Francia sirviendo y cuidando detalles y he procurado aprender. A mi hijo Rafael, el pequeño, que fue futbolista del Betis, lo mandaba todos los años a las ferias de París y todos mis hijos han aprendido de mí, no los he enviado a escuelas de hostelería ni nada. Si me encargan una cena en una casa, somos más internacionales, y si es un almuerzo en un cortijo, más andaluces. También hemos renovado el concepto de cóctel del catering, con una oferta de aperitivos más pequeños e imaginativos. Nuestro catering sirve también en Madrid, en Málaga, en Cáceres, en Algeciras… donde nos llaman. El primer banquete de D. Juan Carlos en el Alcázar, recién proclamado rey, fue lo que nos dio el espaldarazo y, desde entonces hemos servido lo mejor, desde la boda de la Infanta Elena a los reyes Hussein y Noor de Jordania, pero ya antes dábamos comidas en colegios y hospitales. En higiene y transporte colectivo hemos sido pioneros.

Espera un momento que tengo que tengo que dar una orden en la cocina.

Como te iba diciendo: con la Expo92 tuvimos mucha ilusión y una obligación natural como sevillanos de hacer ese servicio. Montamos unas naves en el Polígono Pisa, seguimos las normas europeas de higiene que se habían impuesto y dimos el 85% del catering que se dio en la Expo. Todos los bocadillos y sándwiches dentro del recinto, cuatro chocolaterías, el edificio de los comisarios con tres cafeterías, un restaurante de doscientas plazas, cinco comedores privados, una sala multifuncional de cuatrocientas plazas, y el patio, donde dábamos recepciones para dos mil, además del servicio de la ópera y de Tierras de Jerez. Fue un gran reto profesional, aunque económicamente todavía no lo he amortizado.

Te voy a tener que dejar, que entra el nuevo turno y tengo que poner orden.

Todo lo guardo, todo lo recuerdo

Virginio era gordo, muy gordo y no lo disimulaba. Ni podía, ni quería. Eran
gordos sus muslos, las pantorrillas, los empeines, los brazos y, sobre todo, la
barriga, de esas que obligan a sentarse con las piernas muy abiertas Esa era su
constitución, parecida a la de los luchadores de sumo, que de ellos provenía
y no se habían desdibujado un ápice, después de trescientos años, los genes que
regaron el Guadalquivir cuando los japoneses llegaron y se quedaron en Coria
del Río, corriendo el año de 1614. Virginio fue tenaz investigando el hilo de la
memoria hasta descubrir el origen del apellido Japón y fue valiente al viajar con
muchos años al otro lado del mundo, dispuesto a encontrarse con esos luchadores en los que se reconoció: gordos pero fuertes, sólo que su fortaleza era mental.

Comer, comía, desde luego. Era buen aficionado, pero donde más guardaba
no era en esa barriga sino en su almacén y en su cabeza. Ahora que aseguran
que el aparato digestivo es el segundo cerebro, empiezo a pensar si Virginio tenía su memoria repartida entre los dos. Y en el almacén, en el hondo y oscuro
almacén de su tienda de bicicletas, donde guardaba en orden tan cierto como
irreconocible un poco de todo: tazas, postales, tebeos, monedas, herramien-
tas, braseros, revistas de poesía, libros, muchos libros y no sé qué más porque
nunca pude llegar hasta el fondo del todo, tan hondo y oscuro era.

Una parte significativa de su memoria estaba dedicada al comer, mayormente tirando al río y a las Marismas del Guadalquivir, a su infancia: patos
con arroz, ánsares, calderetas de albures, albures en adobo, camarones… Pero
también almacenaba sabores que provenían, cauce arriba, del otro lado del
río, de Sevilla.

A mi padre, recordaba con la vista clavada en el suelo, le gustaba mucho el pescado frito. Mi padre estaba trabajando en el muelle con un camión y cuando terminaba compraba pescado frito y nos lo comíamos en Coria. Llegaba calentito. Y cuando no, veníamos nosotros a Sevilla en un tranvía y nos lo comíamos en el preferido: el bar Puerta de Triana, que hoy no existe, y allí comprábamos el pescado enfrente, entre las calles Julio Cesar y Gravina, que había una freiduría, y los rabanitos y las papas fritas y te las comías en el bar. Ese era el sitio que más me gustaba y además cogía muy cerca de la entrada del tranvía de Coria. Había otra pescadería en la calle San Jacinto y otra en La Campana. Esa era la mejor de todas. Y luego en la Puerta de la Carne que es la que todavía existe y en El Postigo la de Arfe y otra en la misma puerta del Arenal.

Le gustaba mucho comer y le gustaba también la cocina. En Coria hay mucha afición a la cocina, porque ha habido muchos hombres que se han embarcado y han aprendido, que en los barcos es donde mejor se come. Con mi padre íbamos a todos los sitios de lujo, pero para qué íbamos a ir a los de lujo, si lo que queríamos era comer bien.

De Coria a Sevilla había mucho movimiento cuando yo era chico. Después de la guerra, había contrabando de carne, de pollos, de huevos. Había unas hermanas, que una de ellas estaba casada con un carnicero, y para meter la carne de contrabando en Sevilla, se vestían de putas y se metían en un taxi, como que iban de juerga con hombres y eso, como si el marido fuera un ligue, y así metían la carne en Sevilla.

Comidas y comidillas, que Virginio todo lo aprovechaba y a todo sacaba punta.

Hambre y apetito

A Isabel y a todos los niños por adelantar el
conocimiento a golpe de intuición.
Sevilla

Hay niños que comen de todo, otros que se emperran en no comer algo o varias cosas o casi nada. La atención, a veces excesiva, que los padres muestran ante estos comportamientos consolida algunos hábitos. Muchos quieren comer más de lo que más les gusta y menos de lo que se repite en muchas comidas, a pesar de no ser su favorito: por ejemplo, las verduras, las lentejas... Normal. El caso es que tienen que buscar argumentos para convencer, máxime si les enseñan a probar de todo, que no quiere decir comérselo todo, sino degustar un poco, no rechazar de entrada y así día tras día, con idea de educar el gusto.

Una niña puede esgrimir este argumento: Es que el primer estómago está ya lleno y el segundo también, pero el del postre no, ese está vacío y tiene mucho sitio.

La intuición puede alcanzar al conocimiento antes que la investigación y el cuerpo conoce antes que la razón. Una niña sabe así que hambre no es lo mismo que apetito, aunque sólo recientemente se haya investigado la enorme complejidad de la regulación del apetito. Intervienen muchos factores inter-conectados con la ingesta calórica, el índice glucémico, la composición de los alimentos y, por supuesto, las prácticas, hábitos y estilos de vida. La regulación de las sensaciones de hambre y saciedad se explica a través de los efectos de la glucosa o de la insulina. El apetito significa, sin embargo, selectividad, justo lo que decía la niña: un estómago, dos estómagos y el tercero que es donde tengo más sitio. Ese es el de su elección, el de su apetito. No se puede explicar mejor con cuatro años hasta qué punto el placer interfiere en la alimentación. No necesita saber qué factores neuronales y hormonales intervienen. Ni que los alimentos dulces o salados gustan más porque los ácidos y los amargos, sobre todo, se asocian evolutivamente a plantas tóxicas. Ni que su estómago ha empezado a sintetizar una hormona llamada gherlina que se activa en el hipotálamo y genera la sensación de hambre. Ese intrincado mecanismo o el de la saciedad se lo descifra al oído su cuerpo y ella argumenta desde su intuición, probablemente con éxito, porque nada hay más convincente que el ingenio de una niña en busca de estrategias para ganar la batalla procurando evitar, además, la confrontación.

Y si no funciona, siempre quedan otras artes: esconder lo que no se quiere debajo de los cubiertos o, si es demasiado grande, debajo de la silla, si es tapizada. Se descose un poco con el dedo y por ahí cabe casi todo. Es donde se fosilizan los nervios de los filetes o los boquerones fritos, sin que nadie se entere hasta que se vuelva a tapizar, años después. Y fuera de casa se puede decir: ¡Soy alérgica! En fin, que siempre hay alguna salida, menos admirables que la de los tres estómagos, pero efectiva.

Los corrales

A Carmen Laffón, a las artistas que contemplan con devoción
La Jara, Cádiz

En la Jara, frente el Coto de Doñana, están los corrales. En medio, la desembocadura del Guadalquivir, justo antes de alcanzar la barra que hacía encallar a los galeones que volvían cargados de América, antes de remontar el cauce hasta Sevilla, puerto de Indias. La Jara es Cádiz y el Coto Huelva. En la Jara, sobre los corrales, está su casa.

Ahora, en invierno, todo es silencio. Contemplar el horizonte desde el jardín, cuando la luz de la mañana remonta para ser contemplada, para ser pintada, es una devoción. La luz, siempre distinta, el agua recogiendo al cielo, el coto aparentemente inmóvil y los corrales en primera línea, cimbreando marrones, verdes y azules, amarillos.

Los corrales agonizan. Nadie viene a catarlos como antes, que era privilegio de aparcería y sólo después, cuando se había pescado la mayor, se dejaba a los vecinos aprovechar lo que quedaba.

Usaban cuchillos de mareas, almejeros y algunas tarrayas, la red mariposa, tan bella en su vuelo.

En realidad, no sabe por qué da tantas vueltas a los corrales. Quiere centrarse ya, tiene mucho trabajo. Pero no es sólo porque sus jarifes, las rocas planas, son el espejo donde las primeras luces despuntan, que también, ni porque sus pesqueros, siempre cubiertos de agua, mecen las olas y la claridad, ni porque los sequeros enmarcan ese recinto de contrastes que es el corral. Es porque se quiebra viéndolos caer. No quiere que se olviden sus nombres desde Rota hasta la Jara: Corral Chico, San José, El Chiquillo, Canaleta del Diablo, Mariño, Camarón, Cabito, del Trapo y, delante de su casa, el corral de Merlín.

Los nombraban los vecinos, los pescadores y los aparceros, que todos se conocían. Los nombraba su padre, cuando paseaban hasta Montijo:

Los corrales, le explicaba, son muy antiguos, romanos dicen algunos. No sé, pero sí sé que son fruto del ingenio, que ya es arte pescar en tierra, sin red ni anzuelos, sin los sustos que da la mar, sólo recogiendo las lisas, los robalos y hasta las morenas, muchísimos peces y mariscos que quedan atrapados cuando el corral se escurre con la marea baja. Mira ahí, donde ese piélago, esa laguna de tierra en medio del corral: pues comunica con esa otra y con esa.

Por todo eso, por todo un poco, será que piensa tanto en los corrales y llama, con lo poco que le gusta molestar, a unos y otros por ver si pueden hacer algo. Los restauraron, sí, pero de qué sirve si no se mantienen y, lo más importante, si nadie baja a recoger lo que entregan. Los muros de piedra ostionera se van deshaciendo, que de eso están hechos los corrales, de rocas y ostiones, aprovechando los *platiers*, esas rocas planas de la orilla con sus pocetas donde se atrinchera el pescado. Dejaron de ser productivos, dicen, y los abandonaron. Los hombres abandonamos; las mareas y los peces, no. Siguen llegando puntuales a cada cita, con las mareas vivas en el plenilunio, con los equinoccios y cada vez que las mareas son al amanecer y al atardecer, cuando cambia la luz, a la misma hora que ella sale a contemplarlos.

Carmen trabaja sin descanso. Es su empeño y sabe lo que quiere hacer. Tiene la casa donde quiere y en frente, su viña, que la va a forjar en bronce. En realidad, no sabe por qué piensa tanto en los corrales. Los vuelve a contemplar en su ruina, una ruina que no debilita la fuerza del paisaje, sólo a su corazón. Los corrales la sobrevivirán. Pero la vieron crecer y tiene una deuda de niña con ellos.

El combate

A Pedro Romero de Solís, que me introdujo en la investigación sobre
alimentación, y a todos los hombres que resisten con dignidad
Carmona y Sevilla

Pasan los años y no ceja, que el combate es su vida. El combate intelectual, el
combate a lo que se espera de él, el combate a sus mujeres, el combate a la etiqueta, el combate a la síntesis, el combate a la enfermedad, el combate al dolor,
el combate a la muerte, que lo ha herido. Todos los combates, cualquier combate.

Ser el tercero de doce hermanos, marca. Supongo que también al cuarto
y al quinto y a todos. Marca que la madre vuelque su cariño en el siguiente,
cuando se tiene poco más o menos un año. Porque el amor de las madres dice
ser ilimitado, pero el recién nacido siempre pide más. El tercero necesita despuntar, porque además es inteligente, ingenioso, convincente, hábil, guapo,
seductor, elegante. Se espera de él en casa y en la ciudad, que por algo ha
nacido en familia de renombre.

El padre le mostró un día el árbol genealógico, señalando a los antepasados
que habían despuntado: éste fue memorable; aquél otro, recuerda cuánto es-
cribieron sobre él. Algo tuyo debe quedar, debe enriquecer el tronco.

No le resultará difícil destacar, porque su mente brilla en mil conjeturas
y su imaginación va siempre un paso más allá, en la vida y en la ciencia, que
establecer relaciones es el motor del pensamiento.

Investigó sobre sociología, sobre población, sobre alimentación, llegando
a presidir una asociación internacional que impulsó, aunque nunca recordara
sus siglas anglosajonas, que él es francófono. Pero esas materias no le afecta-
ron. Abandonó.

Nada lo estimula como la tauromaquia, el mayor combate, a contracorriente con su parecer político, a contracorriente con las tendencias, a contra-

corriente incluso con los que comparten su pasión. Es difícil saber si eligió el tema o fue secuestrado por el combate a muerte. Pero en esa faena, sobreponiéndose a todos los límites, escribe sin mesura, sin cancelación, sin resuello, que el tiempo se cumple y dan aviso sin reconocer su cuna y su casta. Marcado por el destino, la dignidad lo reclama a mantener la lidia y acepta otro lance.

La vida en media hora

A Armando y Lola, a todos los ganaderos puros
Montefrío, Sierra de Aracena y de los Picos de Aroche, Huelva

La vida puede cuadrarse en media hora. De nueve y media de la noche, que él volvía del campo, a diez, que los padres de ella la reclamaban en casa. Media hora dio para aprender a amarse con la intensidad de los veinte. Esas medias horas fueron suficientes para que ella lo dejara todo para seguirlo a las encinas, quejigos y alcornoques que él reconocía como su vida. Fueron suficientes para que él se percatara de la fuerza que da una compañera. Y todo empezó a salir: los hijos que vinieron hasta tres, la casa que se llenó de vida, los proyectos. Los cochinos.

Fue poco después de la fiebre porcina de los ochenta, cuando la administración sólo dejó cuatro estirpes de las cinco de cerdo ibérico raza pura que había y un cerdo piloto por explotación, a analizar cada tres meses. Cuando pasadas mil cribas, se empezó a repoblar, muchos cruzaron con *Duroc Yersey*, buscando una crianza más rápida y rentable. A esos cruces también los llamaban ibérico, como a los de la raza endémica. Y ese fue el primer y gran inconveniente. Así las cosas, cada vez eran menos los que criaban raza pura en el plan de siempre: manejar al cerdo puro de padre y madre, desde el nacimiento a la montanera para que el animal fuera capaz de transformar las cualidades de la bellota en carne; emplear de hectárea a hectárea y media por cerdo; sacrificar entre los dieciocho y los veintidós meses, no a los doce como los cruzados; aprovechar los pastos de cada estación, la montanera de octubre a febrero, y después calabazas y alfalfa de la huerta, no otros piensos. Esos cochinos no competían con la dehesa, tan envejecida, tan frágil, sino que, al contrario, eran indispensables para conservarla. Como era indispensable podar y desbrozar, aunque no consiguieran colocar los cochinos en el mercado. Pero el problema seguía siendo que para la venta, los dos cochinos, el de raza pura y el cruzado, se llamaban igual. Era el ibérico, aunque los suyos mamaran casi sesenta días y no se criaran en camisa, enjaulados. Bastaba con ver al animal para distinguirlo: largo y alto, con orejas grandes y caídas, frente arrugada, gris oscuro, poco pelo y pata larga y fina para desenvolverse en el monte. Pero el mercado no lo distinguía.

Nada se pone por delante cuando se ha cuadrado la vida. Para sus cochinos hacía falta una explotación de entre cuarenta y setenta hectáreas. Y eso es lo que tenían. Eso y juventud, amor, voluntad, chivos, gallinas y una huerta. Pero la vida requiere para sus mejores obras de un maestro. Es difícil saber si todo empieza con un maestro o se lo encuentra cuando hay disposición. El maestro reconoce al que quiere aprender y sirve. Para él fue su tío abuelo Lorenzo, que lo había llevado al campo desde niño. Pasada una vida, era él quien lo buscaba y lo llevaba a la dehesa, sólo por ver cómo desplegaba, del día a la noche, esa vocación silenciosa que pone en cada gesto la reverencia por lo que se toca. Ella, que enamorada del sobrino admiraba al tío, observaba, unos pasos atrás, cómo entresacaba a mediodía un escarabajo de la huerta, cómo cogía el melón como si lo acariciara y le cortaba el cabo con gratitud, como si recibiera un regalo cada vez que la tierra que había cultivado le daba fruto. Cada gesto, cada poda, cada entresaque lo hacía el tío Lorenzo como si fuera el único y más importante, y en esa cadencia de gestos pequeños pero insustituibles pasaban sus días.

Era también la época en que se empezó a fumigar, sin etiquetado, sin normativa. Bastaba con que alguien viniera con una bolsa para esto o aquello. Si a su tío le hubieran preguntado qué era lo ecológico, se habría encogido de hombros, sin abrir la boca, pero jamás se le pasó por la cabeza echar esos productos sobre lo que él o los demás iban a comer. El campo no se trata. Con esa firmeza para la que sobran palabras y basta el ejemplo, enseñó. Se puede leer mucho y, ahora, buscar en internet, pero para que el valor de lo pequeño y el respeto por lo que se ofrece trascienda de la labor a la vida, conviene que te lleven de la mano.

Han pasado muchos años. Ahora son ellos los que enfilan la edad del tío Lorenzo y toca pensar en el relevo. Lucharon junto a otros por la denominación del cerdo ibérico de raza pura y la consiguieron. Lucharon por hacerse sitio en el mercado, si no en su centro, sí en la periferia, donde algunos se acercan a buscar con conciencia el producto bueno y limpio, y lo lograron. Compitieron en las mejores ferias, se cansaron yendo y viniendo para colocar cada año su producto en origen, y lo lograron. Buscaron al tiempo clientes cercanos, que el alimento debe viajar lo justo y es bueno conocer a quienes lo disfrutan y valoraran, y lo lograron. Lo lograron y cumplidos los sueños, criados los hijos y partido el lomo, han empezado a bajar el ritmo. Saben que es ahora, fuertes y lúcidos todavía, cuando toca aprender a soltar. Como decía el tío Lorenzo, cada tiempo tiene su faena y cada faena tiene su tiempo.

El gusto se hereda

A todas las abuelas
Sobre todo, a las de Jaén

La abuela desdobló la servilleta blanca de algodón y la colocó, sin prisas, sobre su regazo. Hacía tiempo que había aprendido a vivir con tranquilidad cada momento. No había sido fácil, pero había merecido la pena. Levantó la vista y miró con cariño a su nieta pequeña, al otro extremo de la mesa. Le habría gustado que su hija las colocara juntas. Era su preferida. Pero su hija... era tan estricta como había sido su marido. No perdonaba las formas, la urbanidad, y menos en un día como aquel, con invitados. Allí estaba, tan derecha, presidiendo la mesa. A ella le tocó a la derecha de su yerno, que no hablaba su idioma y al que sólo había visto media docena de veces en quince años.

Hacía varios años que no visitaba a su hija. La pequeña empezaba entonces a comer sola. En realidad, no sabía por qué se veían tan poco. Vivían lejos y las cosas habían venido así. Wasapeaban, pero hablaban poco. La verdad es que nunca habían sintonizado. Le costó reconocerlo, pero hacía tiempo que había aceptado la realidad sin ambages. Se parecía demasiado a su marido: la misma actitud infranqueable, el mismo rigor, la misma frialdad.

Separó con la paleta la firme carne de la corvina y se llevó un trozo a la boca. Cerró los ojos. La textura era suave y consistente. Estaba muy fresco. Saboreó, tragó, abrió los ojos y descubrió a su nieta haciendo el mismo gesto. Sus miradas se encontraron y sonrieron. Poco después, la vio cargar el tenedor hasta rebosar y llenarse demasiado la boca. Su madre la reprendió con una mirada. También a ella la habían intentado corregir de niña. Incluso su marido la miraba con reprobación cuando separaba la comida en el plato para disponerla a su gusto. ¡El gusto! ¡No saben que no se puede torcer el gusto! Se educan los modales, el paladar, se acogen nuevos sabores. Pero se nace para disfrutar o se pasa por la vida comiendo lo que se debe o se puede. Eso no hay quien lo cambie.

La nieta separó el pescado de las hortalizas que habían horneado juntos, los compuso en el tenedor en proporción perfecta, abrió una boca enorme, se llenó un carrillo y pasó la comida de un lado a otro de la boca, como intentando degustar cada sabor y su mezcla. Justo lo que no debía hacer. Pero ¡cómo disfrutaba! Tanto como había disfrutado ella toda la vida. Quizá por eso había sido buena cocinera. Quizá por esa misma razón no lo era su hija, por mucho que gastara en comida y se esforzara en seguir las recetas al pie de la letra.

Desde niña había disfrutado con la cocina. Empezó ayudando a su madre a hacer los roscos y las tortas para las fiestas. Los ojos se le cerraron solos: aquel olor que recorría la casa en las vísperas de fiestas, desde la cocina al cajón donde guardaban los dulces para que ella y sus hermanos no los comieran antes de tiempo. Recordaba las comidas buenas y también las malas, las que padecieron después de la guerra. Todavía podía reconocer en el paladar el triste recuerdo de los potajes de trigo. Pero los buenos recuerdos eran más potentes: la suave textura de las albóndigas en salsa de su madre, el arroz con leche, la carne de membrillo, las cerezas tempranas… ¡Y el chocolate! Aun reconocía el sabor de aquella pastilla de chocolate que le regaló su madrina. Incluso había soñado con aquel sabor. Sabor amargo, sabor negro, tan intenso al fondo del paladar que seguía vagando por allí, como un espíritu.

Había sido fiel a sus sabores y había disfrutado probando desde niña. Le pasaba también a su nieta. ¡Por qué si no iba a comer con tanto gusto el pescado, la cebolla y el tomate! Esas comidas no gustan a muchos niños. Su nieta cogió un trozo de pan y miró a su madre. No había peligro: estaba sirviéndose. Mojó el pan en la salsa. Un segundo después, había desaparecido en su boca. Sus miradas se cruzaron de nuevo. También a ella le gustaba hacer barquitos. Y comer con las manos. Las comidas de los años que vivieron en Marruecos, cuando trasladaron a su marido a Larache, pasaron por su mente como un fogonazo: aquel *Flat as-satba*, que hacía su cocinera marroquí ¡Qué deliciosa mezcla de especias! Le daba un sabor especial a la carne y a las legumbres. Y los *labriwat*, con sus finas hojas rellenas de almendras ¡Qué excitante sensación la del crujiente hojaldre al romper contra el paladar!

En el gusto estaban sus recuerdos más tempranos. Al fin y al cabo, pensó, es el primer placer del recién nacido. Y ahora que había perdido el gusto por los viajes, por la ropa, por la cama, por el poder, que en lo poco también lo había tenido, era lo que más disfrutaba. Ya su abuela se lo decía: Al final, será lo único que te quede. Entonces, no comprendía hasta qué punto tenía razón, pero a lo largo de su vida recordó muchas veces esas palabras. La pasión de los primeros años de casada pasó pronto. Apenas podía recordar aquellas tardes y aquellas noches de juventud. Como habían pasado el gusto por la vida social, por los aeropuertos, por la moda. ¡Qué poco le importaba ya lo que entonces la deslumbraba! Ahora esperaba cada día el desayuno, la comida, la merienda, la cena. Eran sus mejores citas. Ese placer la acompañaría hasta que dejara de abrir la boca. Estaba segura.

Los ojos de su nieta se iluminaron al otro lado de la mesa. ¡Habían traído milhojas de nata! También eran su dulce favorito. Tenía que reconocer que había sido todo un detalle por parte de su hija. Siempre le recordaba que no debía engordar, aunque lo dijera con poca convicción. Envejecer había sido una liberación. Desde que murió su marido, dejó de sentirse en la obligación de mantener la línea. Saber que nadie la miraba, que nadie se fijaba en cómo aumentaban sus tallas, había sido un paso enorme. Partió la milhoja y dejó que las finas láminas de hojaldre se quebraran en su boca. Un trozo de crema se escurrió entre sus labios. Se había llenado demasiado la boca. Su nieta la observaba, sonriendo. Era una niña encantadora. Aquella misma tarde le haría natillas.

Qué extraña es la vida

A Fidel Pernía, a todos los panaderos
que eligen las mejores harinas
Plaza del Pan, Sevilla

Es otoño y llueve a cántaros. Fidel respira con alivio, mientras presiona con
sus fuertes manos la masa recién hecha. La vuelve, la estira, la moldea. El
olor a miel y harina de la levadura natural sube con fuerza desde la mesa,
el aroma cálido del pan de higos, recién sacado del horno se expande por
todo el obrador. Para hoy, tiene encargados ochenta kilos de pan. Pan de trigo
duro y blando, panes blancos e integrales, kilos, medios y molletes, panes de
frutos secos y frescos, masas hinchadas y saladitas, esas planchas de pan ácimo,
salpicadas de romero y orégano, que inventó para una niña celíaca.

Las noticias del día bullen en su cabeza: las bolsas acumulan cuarenta puntos de pérdidas, el Ibex vuelve a perder cerca de cinco puntos, los gobiernos
europeos salen al auxilio de los grandes bancos... Las negrillas de los titulares
de la prensa del día salpican su pensamiento. Imagina una mañana de carreras en el banco, los teléfonos sonando sin parar, las noticias pisándose en las
pantallas de los ordenadores, los cuerpos de sus antiguos compañeros hundidos
en los negros sillones de polipiel.

Fidel introduce sus dedos en la masa, siente el frescor en su piel. Y respira.
Se ha levantado a las seis. Ya han salido tres tandas del horno. Antes de las
cuatro de la tarde habrán desaparecido todos los panes, envueltos en el fino
papel vegetal donde los conserva con esmero; el nombre del cliente anotado
en el doblez. Sus clientes pasarán, uno a uno, a recoger el pan de su elección:
las mujeres sobre todo los integrales, los de piñones y los de nueces; ellos, los
de ajo y comino, los de chorizo... Fidel recuerda el nombre de sus clientes,

sus gustos, incluso sus historias. Algunos, los mayores, pasan largos ratos en el obrador. Vienen a recoger el pan y se quedan de charla; le ayudan a abrir el horno para que saque el pan, reciben a la clientela... Dos se han hecho casi fijos: se traen los botellines de Cruzcampo del bar de la esquina y los meten en la nevera, junto a la masa, para que estén helados antes de almorzar.

Fidel recuerda también a algunos clientes del banco y piensa en sus acciones, en los planes de pensiones, en las pérdidas que acumularán. A algunos no les alcanzará el fondo de garantía que ha aprobado el Gobierno. Siente su inquietud, percibe la ansiedad que sufrirán también algunos de sus antiguos compañeros. Hace unas semanas, se suicidó un broker de Nueva York. Antes, había matado a su mujer, a su suegra y a sus cuatro hijos. Tenía sólo cuarenta y tres años, tres más que Fidel. Justo tres, los mismos que han pasado desde que dejó el banco y abrió la panadería. Sólo tres, pero qué lejos queda todo aquello.

Eran años de superávit, de reparto de dividendos, de festejados sobresueldos, a los que renunció incomprensiblemente por ver remontar la levadura. Entonces, los banqueros, incluso los terminalistas como él, se creían el centro del mundo. De hecho, eran el centro del mundo. Así es: todo, antes para bien y ahora para mal, parece girar alrededor de sus dominantes cifras.

Nadie, salvo su mujer y sus hijos, comprendió que abandonara ese porvenir del que tantos se enorgullecen. Su director se llevó las manos a la cabeza: contaba con él para todo. Era cuestión de esperar un poco, tenía un futuro prometedor en la empresa.

No fue una decisión fácil. Empezar desde cero cuando hay que dar de comer a cuatro niños no es decisión fácil. Pero había algo más: de tanto oír que estaba cometiendo una locura, llegó a sentir vértigo. Abandonaba el centro de la actividad económica para adentrarse en un terreno que todos abandonaban. Nadie quería ya vivir del campo, producir alimentos, amasar pan. Por un momento, tuvo la sensación de partir hacia el destierro, hacia una periferia ajena a ese hervidero donde se cocía el futuro.

Qué extraña es la vida. Tres años después, con las manos hundidas en la masa, Fidel tiene la certeza de estar situado en el núcleo de la vida. Ahora son ellos los que circulan por una periferia llena de incertidumbres, mientras él crea a diario la materia más necesaria, el alimento primero, el pan que sustenta y da vida. Ese pan es fruto del trabajo de muchos agricultores, de su esfuerzo en el obrador y del esmero que procura imprimir a su tarea de artesano. Ha reconquistado el respeto a la alimentación, pero también el respeto a sí mismo. Sabe que detrás de sus gestos hay historia, hay recuerdos de hombres y mujeres que han trabajado la tierra, que han segado, que han venteado el trigo en la era, que han amasado cada día, como él, el pan. Sin ellos, la vida no se habría reproducido, la familia no se reuniría alrededor de la mesa, los amigos no celebrarían para compartir, el placer de oler y comer buen pan no habría hecho felices a tantas generaciones. En ese respeto, Fidel sabe que hay también obligación: debe seleccionar las mejores harinas, respetar los tiempos. No se puede maltratar al pan.

Son casi las doce y el obrador se ha llenado de gente: unos vienen a por un kilo, otros lo encargan para el día siguiente; los jubilados, que han destapado ya sus botellines, ríen y hablan sin parar. Fidel se afana con la última remesa: pan de chocolate negro para los niños y para todos los mayores que quieran recordar aquellos largos años en los que un trozo de pan y una pastilla de chocolate negro eran la única merienda. Va y viene con su pala por el pequeño obrador. Apenas puede moverse entre tanta gente, pero no deja de sonreír. La levadura natural parece haber fermentado en Fidel.

Pan con aceite

A Antonio Miguel Bernal, a todos los investigadores
comprometidos y generosos
El Coronil, Sevilla

La cita solía ser a las diez de la mañana en el bar debajo de su casa. Era una avenida fea, en el barrio más cotizado de la ciudad, pero fea y ruidosa. Los autobuses paraban justo al lado y los coches aceleraban para saltarse los semáforos.

Para no ser pesada, procuraba acumular lo mucho que le quería consultar y llevaba las preguntas ordenadas, el papel y el boli a mano. Llevaba años disponiendo periódicamente de su prodigiosa memoria, cultivada en los archivos, vertida en la docencia, irrepetible.

Me encontraba entonces en un parón entre dos proyectos de investigación, sin recursos. Por eso, para evitar gastos de desplazamientos, pretendía investigar sin salir de mi ciudad la historia del comer en Sevilla fuera de casa, desde las fábricas a los mejores hoteles y restaurantes. Sabía que Antonio Miguel me evitaría tramos innecesarios:

Consulta la Guía Gómez Zarzuela —es suficiente con que consultes cada dos años— y mira si hay algo en Focus Abengoa. La Biblioteca Municipal es fantástica y también la del Ateneo. La información de Madoz para Sevilla es muy completa y fiable. Busca en las guías de referencia que se editaron en muchas ciudades españolas desde 1850 hasta mediados del siglo xx. Mira a ver si encuentras la Guía Rosetti, que por Cádiz entraba todo. Pregúntale a Manolo Ravina o a Alberto Ramos, y, si puedes, ve a la Biblioteca Nacional, es probable que tenga guías de toda España.

No sé si sabía entonces lo útil que me iba a resultar comparar guías de distintas ciudades: los cafés y restaurantes del xix pertenecían a cadenas, muchas de suizos o italianos, de modo que en España ofrecían cartas semejantes de Madrid a Barcelona y de Valencia a Bilbao o Sevilla. Primera ficha que cayó del castillo de singularidades gastronómicas regionales. Caerían muchas más. Pero lo que no pudo imaginar fue el entusiasmo que me produjo investigar en la Biblioteca Nacional, siguiendo también su recomendación. Sólo fueron, aquella primera vez, un par de días aprovechando una escapada familiar, pero mi memoria conserva, como si de un santuario se tratara, la sugestión de su sala de lectura, la luz enfocando el pupitre en la ingente penumbra, el olor a madera y papel, el silencio, el crujido de las pisadas en la madera, mi presencia rodeada de otros ensimismados, como si me observara desde fuera, cumpliendo un sueño.

Antonio Miguel Bernal propulsaba desde su generosa memoria una suerte de carambolas que hacían juego. Lo hacía, además, con solemnidad, proyectando su pausada voz de barítono incluso en medio de la avenida, la camisa inmaculada, siempre sin corbata, abotonada hasta el cuello, las gafas impolutas, los ojos transparentes mirando a un fondo donde parecía escrutar a distancia todos los archivos. Daba igual que cambiara mi tema de investigación. Allí, al final de la avenida, casi recién levantado, tenía siempre la hebra para tirar del hilo:

Sobre los arrieros no hay estudios, pero sí tengo constancia de que eran importantes entre la campiña y la Serranía de Ronda. Se reactivan después de la Guerra Civil. La relación de Jerez con la campiña, de Utrera con Ronda y Benamahoma era muy intensa. Traían muebles, mantas, frutas y se abastecían de legumbres y productos de las campiñas sevillanas y jerezanas. La recova tenía un radio más pequeño y tampoco ha sido investigada. En el xix fue muy importante a causa del aumento de población dispersa. Los propietarios arrendaban las fincas fragmentándolas en dimensiones adecuadas a los cultivos sociales que requerían mucha mano de obra y que entonces se generalizaron: maíz, algodón, garbanzos… es a finales del xix y fue particularmente importante hacia 1910-20. Los contratos se hacían a familias en rancherías que tenían que abastecerse mediante recoveros por estar muy aislados. Ellos suministraban a los recoveros aves y huevos y recibían azúcar, textiles y los productos de los que carecían. Esta población diseminada se ve con claridad en la cartografía 1:50.000. Cada agrovilla tenía cincuenta o sesenta núcleos, muchos de los cuales eran antiguos cortijos fragmentados.

Para entonces ya habían traído su tostada, no media, completa. Seguía hablando, pero su mirada y su atención se concentraban a partir de entonces en las dos piezas de pan. Las rajaba con el cuchillo en cuadrículas perfectas, para que el aceite empapara bien, lo vertía con cuidado de distribuirlo, esperaba a que penetrara y, después, empezaba lo mejor: le daba la vuelta al pan y presionaba para recoger, por absorción, las pocas gotas de aceite que habían resbalado al plato. Es un gesto frecuente. Lo he visto muchas veces, sobre todo entre Utrera y Ronda, donde castillos y almazaras dibujaban la antigua línea fronteriza y se suceden hoy las cooperativas olivareras de El Coronil, Montellano, Puerto Serrano… Antonio Miguel pudo observar ese ritual a su padre o a su abuelo, pero él lo ejecutaba con el rigor con que debía completar el registro de cada archivo, con que escrutaba cada legajo, con la misma pulcritud. Muchos investigan y muchos desayunan pan con aceite, pero pocos lo hacen verificando que todo el pan queda empapado por igual, el plato limpio y los dedos casi, mientras marcan el camino:

Mira también el tren del aceite y la apertura de mataderos a partir de 1845-55. La política de Madoz conlleva la apertura de mataderos en los ayuntamientos principales de España. La normativa está en Aranzadi. La caza cae por dos razones: de 1880 en adelante por la tecnificación de la agricultura, que se intensifica a partir de 1920, y además por el uso de pesticidas, que acaba con muchas aves. La caza actual es industrial, no tiene nada que ver con aquélla.

Procuro comentarle otras dudas para que pueda terminar la tostada: La Ley Moyano para la enseñanza de niñas es de 1857, pero en pueblos como Alcalá la Real, con 3.000 habitantes, había ya en 1845 colegio para niñas. Es de suponer que otros pueblos mayores los tendrían antes incluso de la Ley Moyano, con lo que el retraso en la educación que se atribuye a España no está claro. También me sorprenden recetas muy elaboradas en algunos recetarios manuscritos de pueblos de Sevilla y Córdoba, casi idénticas con las publicadas en esos años en Madrid.

Claro, me explica, la vinculación burguesa era con Madrid. En primer lugar, política. Muchos andaluces, por ejemplo, de Carmona, ocuparon altos cargos en Madrid. Algunas de las familias propietarias de los recetarios que vas a investigar eran senadores en Madrid. Son nobles, pero también burgueses, sobre todo a partir de la revolución liberal del 68. La nobleza sigue en la política activa, pero se produce un relevo de la burguesía andaluza de Sevilla, Granada y Antequera. Empiezan a tener casa en Madrid, además de en Sevilla.

Mira el reloj. No hace falta mirar el plato: está impoluto. Nos despedimos. Gracias.

Al aguardo

A Rafael Cano y a todos los hombres que apuntan al presente
Carmona y La Campana, Sevilla

Rafaelillo, tráete unos conejos, decía una de las señoras y allí iba Rafael, hacienda arriba con la escopeta, que después de la siega con subirse encima de los montones de gavillas listos para la era y esperar a que las liebres vinieran a comerse el trigo, había caza. El aguardo era la caza de su predilección y se le daba bien. Parecía que tuviera una lupa en la fina pupila que centraba sus ojos claros, casi transparentes, como sus intenciones. El cazador enfoca y aguarda recibiendo a la oscuridad. No es paciencia, es que está a lo que está.

De vuelta, desollaba la pieza, después de apiolarla enganchándole un pie con otro para poderla colgar, y se la llevaba al cocinero que preparaba civet de liebre o conejo guisado. En la casa se comía lo mismo en el comedor que en la cocina, los señores que los criados. Cocido diario y la carne que daba el campo: conejos, liebres, pavos, pollos, pichones, siempre con manteca de cerdo, aunque era hacienda de olivar. El aceite, para los aliños, los fritos y el gazpacho, que lo majaba un hombre y en el comedor lo servían de postre. Rafael echaba de menos las migas de su madre en el chozo, que no llevaban más que ajo y se comían con naranja, pero en casa de los señores no hacían migas y él iba a lo que había: soltaba las liebres en la cocina, cenaba a su hora, le preguntaba al Padre Juan o a sus hermanas, las señoras, si lo necesitaban y con eso daba de mano hasta el día siguiente, que tocaba pintar las ventanas del piso alto.

Lo mismo pintaba, estirando la pintura con gasolina, que arreglaba un roto o iba a por un desavío. De sus tres hermanos varones, lo habían llamado a él para la casa por su buena cabeza y su disposición. Era despierto, hábil, leal y a todo ponía buena cara, sin esfuerzo, que lo traía de cuna. De su trabajo, le gustaba la variedad, cada día una cosa y lo mismo en Carmona que en el campo, pero nada le tiraba tanto como la caza. La de pelo, cuando venían los hermanos de los señores, que también las señoras cazaban, pero, sobre todo, al aguardo, solo. El día antes ponía con arte unas ramillas delante de la madriguera y al atardecer se subía en un olivo a esperar. Esa es la condición del cazador: la atención, que el tiempo no tiene medida. No quitar ojo y afinar el oído, hasta que las ramas empiezan a moverse: ahí está la presa. Con la noche ya caída, volvía al cortijo con la pieza, pero antes dejaba preparada las madrigueras del día siguiente.

El cazador tiene que estar a lo que está, a lo importante. Importantes eran para Rafael su trabajo, los suyos, los señores, el campo... nunca los chismes, lo que dicen unos y otros, que igual le daba lo que dijeran en la cocina que en el salón o en el mercado, que, cuando se casó, su mujer que era churrera traía comidillas de las mujeres. Todo lo que no fuera presente pasaba por Rafael sin asentarse, que era su condición, como lo era enseñar y dar, que todo le sobra al que sólo se entrega al instante. Por eso acogió con alegría al sobrino del Padre Juan, un niño que se dejaba enseñar. Juan Manuel no levantaba más que su escopeta, pero siempre andaba tras él, preguntándolo todo: cuándo duermen las liebres, cuál era el río más grande de España, cómo se llama tu novia. Como el coche tardaba tanto del campo a Carmona le daba tiempo a preguntar de todo. Después, cuando acabó la escasez de gasolina, desempolvaron el automóvil, el Winter, lo sacaron del garaje y a Romera, la mula, la mandaron a la cuadra.

Rafael conducía bien, aunque no tenía carné, ya digo que servía para todo. En la finca sin problemas y, cuando iban a Carmona, avisaba con antelación a Fernández, el mecánico, que sí tenía carné, para que no los pillara la Guardia Civil. Fernández se acercaba con la bicicleta antes de que llegaran al pueblo y sustituía al volante a Rafael, que se montaba en la bicicleta, agarrado al estribo del coche. Para salir de Carmona, repetían la operación. Ya en el campo, cogía de nuevo el Winter cuando lo necesitaban los señores, pero a preparar la caza iba a caballo y, de normal, andando.

Un día, yendo por el olivar hacia las manchas de matorral donde estaban las madrigueras de los conejos, bajó del caballo, cogió una piedra, volvió a montar, se la tiró a una liebre, que estaba encamada y la dejó tiesa. ¿Cómo la has visto?, preguntó el niño, que no comprendía por qué Rafael divisaba donde él no veía. Vislumbraba a los animales camuflados y más a las liebres, que no tienen madriguera y se encaman en un pastito, en campo abierto, porque su ventaja es la velocidad. Por algo dice la nana *mi niño duerme con los ojos abiertos como las liebres*. Las liebres son más torpes y más cobardes que los conejos. Al conejo no lo que coges sin perros y es muy difícil que un perro alcance a un conejo. El día que el niño mató cuatro conejos de cuatro tiros Rafael le dio la alternativa: ya eres cazador, le dijo, estrechándole la mano. Pero no siempre hacía lo que le decía. Un atardecer casi anochecido ya, al aguardo en la era, estaba el niño encima de un montón de gavillas y él de otro, cuando sobrevolaron dos patos. El niño, aburrido, apuntó al cielo y cayó un pato. Al día siguiente no hubo liebres, que es lo que habían pedido las señoras, pero celebraron el acierto del novato, de sólo dos perdigones: uno en la pechuga y otro en el cuello, mortal.

La munición no se malgastaba. Rafael incluso la reciclaba: enderezaba el pistón, reponía el fulminante con el de las tiras de las pistolitas de juguete y rellenaba el cartucho. Una vez mató dos tejones de un tiro y eso que la escopeta tenía un solo cañón. Esperó a que se pusieran los dos juntos y cayeron. Con el pelo del lomo de los tejones hacía brochas de afeitar, que era un artista haciéndolas y todos, señores y criados, se afeitaban con las suyas. Había varias madrigueras donde los tejones paraban de paso, buscando comida. Si había moscas, había tejón. Colocaba delante de la madriguera unas varas de las que dejaban tiradas cuando se limpiaba el olivar y, si al día siguiente se habían caído, es que había bicho.

Cuando los señores fueron envejeciendo y vendieron el campo, Rafael se envenenó en el pájaro y cazaba perdiz con reclamo, que le gustaba hacerlas en escabeche. El resto del día servía en la casa y acompañaba al Padre Juan, muy viejo ya, a decir misa, que se comentaba que la misa la decía Rafael, porque el señor cura había perdido mucha memoria. Cuando murieron los señores y se vendió también la casa, cuidó el panteón mientras esperaba su hora, sin fecha como la de todos, con la piel herida por el sol y la mirada limpia, atento al pájaro y dispuesto a servir a quien lo necesitara, que no hay ocupación que recompense más en la vida, se sea rico o pobre, que la de servir.

Las pautas del oficio

A Rafa Morales, a los cocineros que van a por todas
Valencia, Cala Montjoi, Benazuza, Valencia

Rafa es un hombre fácil, que no domado. Quiero decir que todo lo hace fácil donde sobran muchos que lo hacen difícil. En las cocinas profesionales se mide el segundo en una coordinación donde el que no conecta, estorba; otros escurren el bulto, otros se atascan y hay quienes no entienden lo que está pasando delante de sus ojos y de su nariz. Hay que cogerle el tono. A él, le va la marcha.

Además, de fácil, conviene ser muy trabajador. Y lo es, porque lo mamó y porque aprendió a abrir cerdos en canal antes de a montar en bici, que su madre era carnicera. Voluntario si había que pelar cebollas en la mili, voluntario si había que quedarse en la cocina para adelantar trabajo, voluntario para entrar sin miedo donde otros se arredran, que todo lo apunta y lo escruta, veloz antes de dar el paso. Voluntario para volar al fondo del Aljarafe sevillano, a Sanlúcar la Mayor, dispuesto a emprender la nueva operación que propuso a Ferrán Adrià: el Hotel Hacienda Benazuza, con sus tres restaurantes, un área de desayunos y otro de bodas. Ahí se colocó las estrellas Michelin: una y dos. Currar, le va.

Además, es condición adaptarse con la rapidez del camaleón y la disciplina de la hormiga, estar alerta como el guepardo, mantener la posición como el percebe. Cogerlas al vuelo, desplegarse, moverse a buen ritmo. Eso le va.

Además, se trata de imaginar sin miedo, pero cambiar con sensatez. Para compaginar ambos ingenios, hay que conocer previamente lo que se tiene entre manos y lo que se puede dar de sí. Hay un conocimiento que es inmediato, como si viniera en los genes, y otro que hay que currárselo. La combinación de ambos con la actitud adecuada innova. Tocar nuevos temas calzando las botas de Elvis, vestirse por los pies, le va.

Además, hay que saber dirigir equipos. Todo lo anterior ayuda, porque si el jefe es fácil, trabajador, sabe sacar lo mejor de cada uno, que eso es la adaptación en equipo, y anima a la aventura conociendo bien la técnica y la materia, el engranaje en la cocina empieza a rodar hasta alcanzar la aceleración adecuada. Gran parte de su vida profesional, con su hermana al lado, ha sido poner proyectos en marcha, formar a profesionales, asesorar, adentrarse donde no se puede ir sólo. Dirigir equipos, que si tuviera tiempo para dirigir orquestas probaría con la batuta, le va.

Han pasado treinta y dos años, a veces lentos, la mayoría en un vuelo, la vida del cocinero, como la del músico, tiene malos horarios, toca trabajar cuando los demás se divierten. El oficio lo empapa todo, es como si corriera por las venas, que los músicos se casan con músicos y los cocineros hacen también lo que pueden. Marcar el ritmo con el pie, soñar melodías, vislumbrar sabores y texturas… esa entrega al oficio, hasta dejar que se adueñe de todos los días, de la vida al fin, es lo que marca la diferencia. Dar la vida merece la pena.

Recoger el mérito

A Karin y Tatiana, madre e hija,
a todas las hortelanas primorosas
Colina, Sevilla

Un hilo tan invisible como resistente sostiene los primeros y los últimos días de la vida. Pocos son capaces de describir el olor de la madre, el sabor de su piel al besarla y, menos aún, de explicar cómo era el dejo de la leche que le abrió el paladar y lo alimentó por vez primera, pero casi todas las mujeres son capaces de evocar el olor agridulce de su madre, esa mezcla de cariño, esfuerzo y preocupación, que temen imitar, pero reproducen a cada paso. Al final de sus días, cuando la memoria se despreocupa de todo lo accesorio y se instala con fuerza en la infancia, como queriendo cerrar el círculo de un conocimiento que solo los sentidos y las emociones pueden alcanzar, el recuerdo inmediato, casi palpable de la madre, resiste como tanza y termina haciéndose visible al contraluz de la muerte.

Entre medio, las mujeres deciden vivir más o menos alejadas de sus madres. Pero incluso aquéllas que resuelven emigrar a las antípodas, comprueban cada día, al disponer qué comen y cómo lo comen, que llevaron a sus madres con ellas a la otra punta del mundo. El tiempo de cocción, la condimentación, las mezclas de sabores, la presentación, la mesa y sus maneras, por sencillas que sean, son los ámbitos en los que las madres reinan más allá del tiempo y del espacio, y por encima de la voluntad de sus hijas. De esas hijas queridas, que pueden vestir mal, votar al partido contrario, abrazar otras religiones, labrarse el oficio desaconsejado, elegir a la pareja que no la hará feliz… Ser, en definitiva, tan libres como quieran, pero que a la hora de la comida buscarán inevitablemente los sabores de su infancia. Construirán su universo alimentario con ráfagas de internet, pero repetirán los gestos de sus madres. Los parentescos alimentarios son matrilineales y esa lealtad a los sabores maternos solo puede torcerse educando a la niña con disciplina férrea en las prácticas de la familia del marido. Es lo que ocurre allí donde las mujeres son casadas muy jóvenes y van a vivir y a servir a la madre del novio.

Pero si eso no ocurre, las hijas avanzan durante años en el aprendizaje de las destrezas de sus madres. No hacen falta lecciones. Se produce por imitación y es sobresaliente cuando media la admiración. Esa admiración que las anima de niñas a amasar el pastel confundiendo sus manos con las de la madre o que graba en sus mentes la imagen de la mesa recién servida, aquel día que fueron tan felices. Todas las madres, por desastres que sean, son capaces de despertar esa admiración con sus gestos cotidianos y todas las hijas recogen ese legado, aunque después sus dotes y la vida se encarguen de dejar su impronta, contribuyendo así a la inabarcable pluralidad con que se reproduce la comida.

Pero hay madres que deslumbran por su creatividad. Son imaginativas y voluntariosas. Son cultas, en el sentido más profundo de la palabra, y cultivan. Saben hacer de esos conocimientos, a los que se llama domésticos y se suelen minusvalorar por cotidianos y anónimos, una obra que merece brillar y perdurar. Esa empresa es muy probable que sea bella y placentera, pero además estará impregnada de sentido práctico y procurará ser rentable. Es frecuente que la hayan construido al hilo de sus vidas, con el tiempo y el esfuerzo que entresacaban cada día, después de cuidar a los que aman; entre crianzas y enfermedades, entre lecciones y celebraciones. Son por eso obras de largo recorrido, singulares, irrepetibles, impregnadas de ese mismo amor. Y sí: merecen ser conservadas.

Y hay hijas que deslumbran por su generosidad. No es fácil adaptar la fortaleza y el protagonismo de la juventud a las condiciones de una obra que ya viene encauzada. La mayoría prefiere labrar su propio camino, cometer sus errores y merecer sus logros, aun a riesgo de sobrevivir en la mediocridad. Pero hay unas pocas, las mejores, que tienen demasiado corazón. Parecen premiadas con la sabiduría de la madurez. No necesitan ganar batallas. No tienen que estar en primera línea. Saben avanzar y retroceder. Saben que al dar su vida la están ganando.

Tengo voz de cazallera

A Enrica Basilico y a las empresarias transfronterizas
Entre Accadia, Italia, y Cazalla de la Sierra, España

Mira a su alrededor, al olivar, a las lomas de la Sierra Norte de Sevilla donde ha plantado casa y ha abierto caminos en la maleza crecida durante treinta años de abandono, que no es maleza, dice, que cada planta ha crecido donde debía crecer y ahí se quedará. La casa blanca y luminosa se adelanta en un porche. No se adivina aún el controlado desorden, que no desorganización, de su interior, porque su cabeza y su voluntad arrastran a propios y extraños en un ritmo que debe cumplir plazos para alcanzar objetivos. Sobre la mesa del taller, las tijeras largas de podar junto a la máquina de coser, algunos dibujos junto a la costura que tiene a medias, siempre a medias, porque la cabeza va dos pasos por delante, y junto a unos libros, la plancha que le ha regalado su madre. Ha estado diez días con ella y le ha adelantado mucha costura. Ahora, ya ha vuelto a su casa, a la Puglia. También ha cocinado y ha ordenado un poco la casa, que sabe que su hija es como un volcán, aparentemente apagado, pero en continua ebullición. Cuando la vio al nacer y contempló la potente osamenta de su carita, comprendió que nada torcería su voluntad. La mandíbula cuadrada, los pómulos alzados, la frente amplia y sólida. La niña era de una pieza. Después la vida fue descompensando el perfecto equilibrio de su rostro. Todos tenemos un ojo más grande que otro, una comisura más caída, una aleta de la nariz más alzada, una ceja más inclinada. La vida se encarga de agrandar esas diferencias, como para recordarnos en el espejo que seguimos siendo moldeables, a su antojo.

La madre era costurera y el padre carpintero, emigrantes en Suiza hasta que ahorraron lo suficiente para comprar su casa en Accadia, tierra adentro en la Foggia donde Italia tiene a un lado un tacón y al otro el Vesubio. Enrica, que es la segunda de cuatro hermanos, tenía nueve años. En el bajo instalaron la carpintería, en la primera la vivienda y en la última, el taller de costura. Correr entre trigales, respirar el polvo que la bici levanta por los caminos resecos en verano, pasar de la equipadísima escuela de Lucerna, que hasta tenían piscina cubierta, a la del pueblo con un solo baño para niños y niñas, fue un cambio de vida, pero también de época. Enrica no sabía que se podía retroceder en el tiempo y, en realidad, no se puede retroceder. Aquél fue un tiempo de nadie y significaba libertad. La luz, el horizonte, la calle, los juegos, la intriga con que entraban los niños en las casas donde el terciopelo a la puerta señalaba que había difunto. Porque los niños y los viejos y los difuntos no se ocultaban y sus padres estaban trabajando, siempre trabajando. Cuando Enrica terminó el colegio, le preguntaron: qué quieres hacer. Si quieres estudiar, tienes que aprobar todas las asignaturas, si no, elige: la carpintería o la costura. Y eligió Roma.

La universidad nombra para los jóvenes los conceptos que definen al mundo, lo que es y lo que debe ser. Van para titularse y reciben esa visión, que no es ya la reducida del nido, sino la que se apuntala con palabras en la amistad. Los amigos de la universidad se convierten en una segunda familia y son, de por vida, el espejo donde creemos reconocernos, aunque apenas los veamos, aunque hayamos dejado de pensar lo mismo. El santuario de esa amistad, que arropó el segundo parto, enciende velas que alumbran lo que la vida ha oscurecido.

Después, la vida rueda. Enrica cruzó el mar, recorrió pueblos y ciudades y llegó al sur de España, a Cazalla de la Sierra, sin saber que terminaría siendo tan cazallera como la que más, que casaría, tendría hijos, montaría un restaurante, indagaría las comidas antiguas del pueblo, haría amigos del alma, encontraría apoyos y, de pronto, le daría un volantazo a la vida y vuelta a empezar, pero siempre allí, en Cazalla.

Toda España, todo el mundo debía saber que Cazalla no es sólo un aguardiente, que Cazalla es real, un pueblo precioso. No paró hasta colgar en internet la campaña *Quiero un Cazalla*. Que preguntaran. Ella contestaría con sus camisetas: *Tengo voz de cazallera*, *Tengo voz de cazallero*. Y así fue poniendo rostros a Cazalla y, al final, le pintó un corazón. Lo pintó su hija Eleonora, observada por el pequeño Antonio.

Había que crear una etiqueta para la crema de aguardiente que había hecho mamá, cansada de que la gente pidiera cremas de otros licores en el pueblo del aguardiente, que no tenía crema, ni la había de aguardiente en toda España. La encargó a un destilador artesano, le pegó la etiqueta con el corazón que había pintado su hija y se dedicó a venderlo, aunque vender nunca haya sido lo suyo. Una cosa es emprender y otra ser comercial. Al final, se la vendió a Caballero, que sí supo ponerla con sus vinos y espirituosos en mercado.

Ahora tiene nuevos proyectos: uno sobre arte contemporáneo, otro sobre un centro de cultura alimentaria, aunque sea pequeño, pero que llegue a las casas, para que se cocine y se enseñe a los niños a comer bien y a valorar lo mucho y bueno que tienen alrededor, a experimentar también. Un centro con colaboradores, que no chupe de subvenciones, que se autofinancie, donde se formen grupos con esa sensibilidad, dispuestos a desnudar a la comida de aditivos, de ultraprocesados, de todo lo que se compra sin atención hasta llenar el carrito, para desperdiciar después parte. Existe un camino más fácil y cercano.

Me falta tiempo, repite, me falta tiempo. Soltar responsabilidad, ganar silencio, ser más liviana. Soy la reencarnación de un monje tibetano que no tiene nada que ver conmigo. Se ríe.

Un hombre, una hectárea

A Francisco Díaz, a todos los que dan fruto
Puebla de Río, Sevilla

Francisco no tiene nietos. Todavía es un hombre fuerte. Fuertes son su cuerpo y su mente. No importa que pasen los años si se ha tomado la vida entre las manos. Entre las mismas manos que toma la madera de su carpintería, la tierra de su huerto, los frutos de su cosecha. Porque Francisco da fruto. Es un don, pero también fue una decisión.

Todo hombre vislumbra su obra faraónica. Toda mujer también, ya lo sabemos. Las dimensiones de esa obra dependen del poder y la ambición, pero también de la sabiduría y del sentido de la proporción. Su valor no es absoluto ni guarda proporción directa con la medida. Pero la voluntad de llevarla a cabo sí debe ser absoluta. Por eso, pocos la cumplen. Francisco no tiene otra ambición que la de colmar su vida y ese es también su sentido de la proporción. Por eso la decisión fue clara: un hombre, una hectárea. No necesitaba más.

Una hectárea que compró hace veinte años, después de ver el mundo que necesitaba ver y trabajar en los oficios que la suerte le puso a mano. Volvió, igual que el gigante vestido de blanco del poema de Cesare Pavese que a su vuelta de los Mares del Sur lo encontró todo nuevo, solo que él no había recorrido los Mares del Sur ni vestía de blanco ni compró un garaje con un surtidor de nafta, sino una hectárea cerca de la casa donde nació, de las Marismas y del Coto de Doñana, donde la luz azul se agiganta en blanco y se recoge en violeta, donde el olor a jara y a lentisco se funde con el de las mareas, que remontan el río cumpliendo con su brisa la memoria del océano: inundar el estuario hasta donde acaban las tierras bajas, hasta los arenales que Francisco ha convertido en tierra fértil.

Compró esa hectárea de eucaliptal en pendiente arenosa, con una ruina que ahora es su casa y otra más pequeña que ha convertido en su refugio, en la retaguardia de su obra: algunos libros escogidos por razones casi encontradas (Montaigne junto a Delibes), una mesa que invita al trabajo reflexivo y piezas sueltas que dan presencia a los elementos: madera, agua, fuego…

Empezó talando muchos eucaliptos y levantando terrazas. Sembró naranjos y almendros, nísperos y moreras, incluso un acebuche que hoy crece con fuerza sobre el tocón de un eucalipto. La sombra de los árboles fue rodeando la huerta, los pilones y la alberca, y el ciclo de la vida se repitió año tras año, con esa fuerza que enraíza, brota y fructifica. La misma que atrajo a gansos y palomas, que fecundó gallinas y multiplicó a los millones de lombrices que en su oscuridad fertilizan cada palmo de tierra. Y al tiempo que sacaba fruto de la tierra y hacía florecer los lirios en los estanques, su mano sellaba el alambique para obtener la esencia del mirto y la mejorana, de la citriodora y el globulus, que ahuyenta las alergias y apacigua la tos.

Una hectárea es la medida justa para ensanchar el espíritu del hombre que quiere meter sus manos en la tierra y confundir su sudor con la savia, su pulso con el ritmo del planeta. Dar y recibir de la tierra que todo lo merece y de aquéllos que se hagan merecedores. No hay más misterio que el del conocimiento elegido, ni más ambición que la de andar el camino colmando cada oportunidad.

Pasarán los años y Francisco seguirá cediendo el compost y el conocimiento a quién busque la luz en las entrañas de la tierra. Es la tarea de su vida y cumplirá su ciclo. Pero será en la sangre de su sangre donde el tiempo se cumpla. Francisco tendrá nietos que heredarán lo que él recibió de su abuelo y lo que aprendió mientras enramaba sus días: a distinguir el canto de los pájaros, a labrar la generosidad, a seleccionar las mejores simientes, a levantar tomateras, a regar con agua de lluvia, a criar lombrices, a abonar a tiempo, a recoger la fruta madura, a esconder lo que debe permanecer oculto, a decidir cuando quiere ser visto, a escuchar al cuerpo, a cultivar la salud, a buscar las causas primeras, a acompasar la vida con la muerte. Para todo habrá un tiempo. Francisco sabe que no está solo, los que vinieron antes tejieron lo que es.

El don de la cocina y la sal de la verdad

A Isidoro, de Ramón Pipi, y a todos los cocineros que tienen el don
Zahara de los Atunes, Cádiz

Yo me llamo Isidoro. Lo de Ramón Pipi es por el abuelo de mi cuñado que era
un hombre muy dicharachero, que a todo el mundo le ponía mote y, cuando
alquilamos su casa para poner el restaurante, todo el mundo le decía la casa
de Ramón Pipi, así que empezamos a pensar el nombre y dijimos: Si por mucho que le digamos de otra manera, la gente le va a llamar Ramón Pipi...
Y Ramón Pipi se llamó. A mí, la gente me dice Ramón, creyendo que me
llamo Ramón, y como a mi socio le dicen Chipi, que se parece a Pipi, pues
piensan: Si este es Pipi, el otro es Ramón. Vamos, que me dicen Ramón por la
calle y me vuelvo, porque ya soy Ramón.

Yo no era cocinero. Lo que es cocinar por placer, eso no lo he hecho más
que una vez en mi vida. Yo era fontanero. En la mili me tocó Tarifa, a la vera
de Zahara, de mi casa, y dijeron que si había un fontanero se quedaba allí
y levanté la mano. Yo no sabía fontanería, pero el profesor era muy bueno y en
seis meses ya sabía.

A los veinticinco me metí de camarero y como había muchos camareros
y pocos cocineros, me metieron de ayudante de cocina, y como el jefe de cocina no resultó bien, a los once meses me dijeron: ¡Quillo! Y me fui a la cocina.

Cocinaba lo que le preguntaba a mi madre, lo que se me ocurría y más
que nada por sensaciones. No sé por qué. El paladar es el olfato y yo desde
chico notaba por el olor que llegaba el verano. Mi padre empezaba a hacer
pan y yo lo olía desde lejos, que la panadería estaba lejos de mi casa, pero salía
por la chimenea. A mi madre le pasaba lo mismo: me olía si había fumado dos
horas antes.

Cuando empecé en la cocina, pensé: Pues muy difícil no puede ser una plancha. Lo intenté y les encantó y así fui, poco a poco. Nunca he tenido un cocinero por encima mía, nunca he tenido un jefe de cocina.

Al cabo de cinco años, como tenía éxito, me llamaron de Montenmedio, de jefe de cocina en Kurupay. Yo al principio no quería tener la responsabilidad, tener gente a mi cargo. Cuando llegué estaba en la cocina del hotel una tal Josefina que era una belleza, que cocinaba con una ilusión estupenda, y yo fui su segundo unas semanas, pero me habían llamado para el restaurante que iban abrir en el centro de caballos, donde iba la nieta de Onassis, y en cuanto que estuvo terminado, me dijeron: Vete tú pallá y monta la cocina. Y digo yo: Pero vamos a ver, me habéis metido en un lío que yo no quiero y además el sueldo que hay… Y ellos: Tú no te preocupes.

Allí me llevé tres años, con los circuitos de caballos, que era una barbaridad, como agosto en Zahara, y fue bien, genial, pero me cansé porque tenía que hacer cien kilómetros diarios. Allí estaba muy bien, sinceramente, bien tratado, bien considerado y me pagaban bien, pero el director del Meliá, que iba allí a comer me fichó. Era al lado de mi casa y sin jefe. Aquello cogió fama y hacía caja, pero cambió el director y me fui. Fue entonces cuando monté con mi socio el primer Ramón Pipi, en la casa del padre de mi cuñado.

Mi hermana me dijo: Te voy a dejar la llave para que busques quien alquile la casa. Y fui con gente y unos lo tenían clarísimo, pero yo estaba por dentro sufriendo, yo decía: Esta casa, que yo me he criado aquí… porque mi hermana tiene dieciséis años más que yo y era como si me hubiera criado. Y llamé a Chipi, mi socio, y le digo: Chipi ¿qué te parece si montamos un restaurante tipo hamburguesa y fritura? Y él me dice: Es que tengo un trabajo bueno en Chiclana. Pero, al día siguiente, me dice: Tío, vamos a meterle mano. Y le metimos mano en el momento y nos llevamos allí diez años, que fue un exitazo. Hicimos unos platitos muy simpáticos: el arroz frito con gambas, el pulpo a la escandalera… Qué te digo: a los boquerones, a lo mejor, todo el mundo le echa la sal en el momento y yo les hago una salmuera, que los pongo más duritos y después el aceite. Me dicen: ¿Tú, como fríes tan bien? Y digo: Porque me gasto mucho dinero en aceite, porque para que esté perfecto tiene que ser así. Yo frío hoy y, si está la cosa muy tranquila, no, pero si hay unas cuentas frituras lo cambio, porque ese es el éxito mío, que el pescado está fresco y muy bien frito.

La carta la cambio muy poco, porque mi socio no me deja que quite ninguno. Digo: Voy a quitar los piquillos, que ya los hago hace veinte años. Y me dice: Eso cómo lo vas a quitar, si eso le encanta a este o al otro, que saben el nombre de lo que le gusta a cada uno y, cuando entra el cliente, dicen: Ese va a pedir esto y esto.

Los seis meses que no trabajo, hago deporte, viajo y estoy con mi hija de ocho años, que la cuido muchísimo. Yo la tengo siete días y la madre otros siete, pero esos siete estoy a tope, aunque en los meses que el restaurante está cerrado, no cocino ni equivocado. Le hago unas lentejas a mi hija y, cuando no está, me voy a los bares de los otros. Es muy raro que yo me ponga a cocinar para mí, y tampoco me voy a aprender de otros. Leo, miro, voy a comer por ahí cuando viajo y lo que como lo puedo traducir, no exactamente igual, pero sí. Yo probé unas costillas a baja temperatura y después lo he cambiado. Nunca lo hago como internet. Hoy he hecho unas patatas con corvina que más básico no puede ser: patatas, laurel y perejil, la patata y la corvina al final. Pues me sale igual que las de mi madre y me dicen: Es que está buenísima. Pero la verdad es que no les he echado ni cuenta, las muevo y ya está. Eso me viene de mi madre.

Mi madre hacía potaje, gazpacho... Mi madre hacía las papas aliñadas divinamente. Era de Molino de Carriles, de Bolonia, y mi padre de Zahara... Alfonsa y José, sus nombres. Cuando conoció la pasta hizo la pasta con chorizo y huevo duro y estaba riquísimo. Todo lo que hacía estaba riquísimo, no sé por qué tenía ese arte, papas con carne, las lentejas y para de contá. Los huevos fritos los freía muy bien, de lejos. Las vecinas olían al pasar y decían: Alfonsa cocina que es tremendo. Hacía unas papas con carne y esa carne se desmoronaba y nunca estaban salás. Hacía una comida por la mañana y otra por la noche y todo lo que cocinaba tenía un toque especial. Murió con ochenta y nueve años y me tuvo con cuarenta y cuatro, que soy el más chico. Mi madre, pobrecita, era de poco salir, de las antiguas, antiguas, y el orgullo más grande que tenía era que le decían: ¡Cómo cocina tu hijo! Y contestaba: Porque ha salido a mí. Pero mi aprendizaje ha sido mío y, si hago unos caracoles, no los hace nadie como yo y me sale a la primera. De hecho, no lo hago siempre igual.

Si yo pudiera, habría hecho otras cosas distintas. Me gustaría ser carpintero. He hecho mi terraza y las de amigos. Mi padre era muy listo, panadero, fontanero, electricista y mi hermano y yo hemos salido a él. La cocina se me da bien, pero entusiasmarme, no. Yo si hablan de cocina, no digo ná, porque a mí me parece el otro mejor que yo, ni me gusta la competencia, los concursos, que qué necesidad tengo de eso. Yo no apunto las proporciones ni las repito y no pruebo ni la sal, lo hago y me voy, pero me sale. La cocina se me da bien. Lo que no se me da bien es trabajar.

Medir y escuchar

A Annie Hubert, a las investigadoras que abordan la
alimentación desde la pluridisciplinariedad
Bélgica, Uruguay, Canadá, Camboya, Vietnam, Francia

En 1987, empecé a investigar sobre alimentación en las Marismas del Guadalquivir, sin saber dónde me metía o, peor aún, preguntándome cómo había llegado a la alimentación, que me interesaba cero. Era lo que había. La primera
lectura, en medio de otras aburridísimas, que estimuló de golpe el camino, al
tiempo que los relatos de los informantes me iban cautivando, fue un artículo
de Annie Hubert, donde desgranaba una receta del sureste asiático, de Vietnam creo recordar, en el libro *La cocina de los antropólogos*. Era delicioso. No
sabía quién era Annie Hubert, ni imaginaba su cara de niña, entonces, que
internet no ofrecía todas las respuestas y casi todas las caras, pero su estilo
en aquel artículo quedó recogido en el recodo de mi memoria donde iba reu-
niendo lo que me interesaba de la alimentación, quizá no lo que debía, quizá
no lo que recomendaban, quizá no lo que mandaban. Porque sí: mandaban.
   Coincidimos por primera vez un par de años después en la Comisión Internacional para la Antropología de la Alimentación, de la que era secretaria
general.
   Annie era belga, aunque nómada, mayor pero dulce como una niña, farma-
céutica, pero antropóloga, interesada en investigaciones cuantitativas, pero
también cualitativas. Consultora de asuntos gubernamentales europeos con
experiencia en terapias avanzadas, directora de políticas públicas europeas
para la medicina regenerativa, líder para iniciativas industriales en las áreas
de biotecnología y evaluación de tecnologías sanitarias, investigadora en el
Instituto Pasteur y en la Universidad de Burdeos I (ISTAB) ... Lo enumero,
porque da idea de su capacidad de trabajo, de su vocación pluridisciplinar, de

su ambición por abrir nuevas perspectivas y ámbitos de colaboración entre las ciencias sociales y de la salud. Y eso no era común entonces, como no lo era hacer confluir en alimentación la metodología de antropólogos físicos con el rastreo del entorno alimentario y de varias generaciones de informantes. Annie Hubert tenía claro que las conductas alimentarias no son estáticas ni unidireccionales; requieren abordajes pluridisciplinares y respuestas multifactoriales. Por eso, empeñó su vida profesional en tender puentes entre la antropología y las ciencias de la salud.

Su esfuerzo por crear grupos de trabajo y dirigir investigaciones que unificaran criterios metodológicos en la observación participante, con entrevistas no dirigidas o semidirigidas, incluyendo historias de vida, delatan una larga trayectoria de trabajo de campo con interés social y atención particular por el individuo. Cada paso estaba definido en las propuestas metodológicas que ofrecía con amabilidad y generosidad a sus alumnos y a todos los que la consultábamos. Ese carácter, la capacidad de atender al investigador joven en sus intereses y singularidades, ofreciendo un camino bien trazado, pero jamás impuesto, creó escuela.

Vivir en plenitud sin salirse de la loseta

A las Monjas Jerónimas y a todos los que se aventuran al interior
Constantina, Sevilla

Después de laudes, de misa y de desayunar, baja a la huerta, cuando ya no moja la hierba, que si no se le roza el hábito. Arranca ortigas, que hará sopa, corta hojas secas, recoge caracoles, si es que han salido ya, y recolecta lo del día: calabacines, judías verdes, una lechuga y patatas. Hay dos huéspedes en la hospedería del monasterio y les van a hacer tortilla de calabacines de primero y pollo en salsa con patatas de segundo. De postre, fruta y, para la cena, sopa y judías verdes rehogadas. Siempre les explica que todo es ecológico. Se queda un momento mirándolos, por si necesitan algo más o quieren preguntarle cualquier cosa y después se retira, para no molestar. Si la llaman, vuelve de la cocina. A veces, le preguntan por dónde se coge el sendero que va aquí o allá o cuantos kilómetros hay a San Nicolas del Puerto y no les sabe decir, porque a ver: no había salido de su pueblo cuando entró al noviciado con dieciocho años. Además, su casa estaba a tres puertas, así que la mudanza fue muy sencilla. Y la de su amiga Salvadora, que entró a la vez que ella. Sesenta años hace. Desde entonces, Salvadora entró en la cocina y ella cultiva y sirve la mesa. Cada hermana hace lo suyo: una hace jabones de las rosas y lavanda del jardín; otra que fue militar antes que monja controla el perímetro de la finca y comenta por wasap el Evangelio diario; la superiora, que es la más joven, estudia y ha sacado dos licenciaturas sin salir del convento: matemáticas y filosofía; ahora va a por la tercera. También hay cinco hermanas indias, hermanas de padre y madre, que se ocupan de la capilla, la liturgia de las horas y el obrador.

Algunos huéspedes procuran darle conversación y ella les habla de sus autores favoritos: Thomas Merton, el Hermano Eckhart, El peregrino ruso. A Salvadora le gusta más la zarzuela y la pone en el móvil, que se lo pide a Alexa: Alexa, por favor, ponme a Carlos Mungía en *Yo no sé qué veo en Ana Mari*. Alexa, por favor, ponme a Teresa Berganza en *Zarzuela castiza...* Todo se lo pide por favor y, si se equivoca no se enfada, aunque Alexa le cuenta a veces la vida de éste o aquél en vez de ponerlo a cantar, que es lo que ella quiere. Salvadora guisa muy bien. No aprendió en su casa, que era señorita como ella y entró casi niña, pero aprendió en el monasterio y lo mismo hace potajes, que pasta, que conejos cuando los regalan o postres cuando traen huevos de más.

Ella no aprendió a cocinar, pero arregla el comedor y pone la mesa de la hospedería igual que en su casa: el tenedor a la izquierda, el cuchillo y la cuchara a la derecha, los de postre encima del plato, la servilleta doblada y bien planchada y el agua, del pozo. Cuando terminan, lava la vajilla, limpia el office y se retira a su celda. Está releyendo a Sor Cristina de Arteaga y a Sor Juana Inés de la Cruz. Recita sus sonetos de memoria:

¿En perseguirme mundo, qué interesas?
¿En qué te ofendo, cuando sólo intento
poner bellezas en mi entendimiento
y no mi entendimiento en las bellezas?
...

Cocinero y monje

A todos los cocineros jóvenes que se afanan, persisten y esperan
Sanlúcar la Mayor, Sevilla

Un cocinero de veintiocho años consiguió ser jefe de cocina de un restaurante con dos estrellas Michelin y decía, medio sorprendido medio resignado:

Esto es como ser monje. Las horas de trabajo mejor no contarlas, los fines de semana no existen, ni siquiera me da tiempo de pensar en otra cosa. ¡Menos mal que me gusta!

Menos mal también que el restaurante estaba a las afueras de un pueblo y el pueblo a las afueras de la nada. Ni se le pasaba por la cabeza escapar. ¿A dónde? Hay vocaciones muy absorbentes y la de chef, sin duda, lo es.

Años después, una ingeniera de veintiocho años estuvo a punto de meterse a monja de clausura. Era también una vocación absorbente, rara para muchos, jubilosa para otros. Y podría haber sido feliz en el monasterio por tantas o más razones que el cocinero a las afueras de la nada, pero al final tomó otro camino y hoy justo está de parto. Siempre pensé que una de las cosas, no la más importante, que le gustaba de aquel monasterio entre encinas de Ávila era la parsimonia con que la hermana cocinera picaba los pimientos o hacía las mermeladas. En silencio y soledad, sin correr, sin prisas o con la prisa justa que requiere llegar al punto de almíbar.

La medida y la atención en la cocina logran prodigios en los alimentos y en las personas. Y es que en el oficio hay mucho de contemplación: disponerse, atender, acoger la realidad observada, repetir el ritual, dejarse transformar por el ritmo, saborear los frutos, compartirlos.

Muchos cocineros, incluso si han sido jefes de cocina reconocidos, se encuentran años después aparentemente con ¡nada! La cocina puede hacer

aguas sometida a la agitación de los medios y de las aplicaciones de valora-
ción. Cualquier error puede desencadenar un derrumbe, una crisis paraliza,
una pandemia remata. Pero si el oficiante ha cocinado en esa contemplación
que lo transforma al tiempo que transforma al alimento, es probable que el
resultado de su oficio no sea tan efímero como el plato sobre la mesa. Cuando
hay atención, hay esperanza y, cuando hay esperanza, no hay derrota.

Nada es lo que era

A Antonio Lopera, a todos los directores de hotel
Entre Sevilla y Madrid

Madrid es una gran ciudad y mi piso es estupendo, pero ya nada es lo que era. Me miro en el espejo: tampoco yo soy ni sombra de lo que fui. No es que fuera guapo, pero las americanas me caían bien —las blancas cuando estaba moreno, de maravilla—, la corbata me abrazaba el cuello sin marcar la piel... y ahora se pliega como un pellejo, porque mi cuello es ya pellejo. De hecho, ya no saco los trajes del armario. Ando por casa como no imaginaba que lo haría. Y casi no como. Me lo traen mal servido y casi no lo pruebo.

Cuando llegué a Sevilla hace casi medio siglo con el despegue del turismo en España, para dirigir el mejor hotel de la ciudad, me comía el mundo. Fui el primer director español, después de muchos franceses. Venía del Palace, con Jorge Marquet, que fue la escuela de hostelería de toda España. El hotel era su capricho. Todos los meses perdía dinero, pero con los otros ganaba y lo mantenía porque era su ojito derecho. No venía más que una vez al año, pero se acordaba de todo y, a lo mejor, decía: La habitación de la esquina, primero; esas habitaciones, del tal a tal, que comunican... Se acordaba de todo y sabía mil historias de los años veinte, de cuando la realeza europea paseaba sus salones. Después, empezó la ruina y durante la república solo había una directora francesa, un conserje también francés que era muy bético y una encargada del lavadero, cuatro gatos, lo que se dice un equipo de conservación. De hecho, el 18 de julio del 36, cuando estalló la guerra civil, sólo había un cliente: Santiago Parodo Fortes, un alto ejecutivo de la Kodac. Durante la guerra se llenó de italianos, pero después, en los cuarenta, volvió a languidecer. Sólo brillaba

en fin de año y en Semana Santa y Feria que venían los Alba, los Sotoher-
moso, los Santoña, los Montellano, los de siempre.

En fin, que cuando aterricé en Sevilla tenía una responsabilidad enorme
y dos cometidos: consolidar el turismo de élite y atraer a los sevillanos, que
siempre se habían resistido, porque un hotel así da respeto. Modernicé el hotel, sin cambiar su aspecto, su solera. Innové mucho, sobre todo, en el servicio
y en el comedor. Entre otras cosas, dejamos entrar sin corbata, que antes, si un
cliente no llevaba, se le daba una del guardarropa para entrar al comedor. Ese
cambio se produjo en los setenta en toda España, incluso en el Ritz. Y fundé
el *Gold plate dinner*, porque el hotel tenía una vajilla de oro, que no era de
oro, pero tenía un baño gordísimo, y se me ocurrió servir el menú del día,
un poco reforzado, en esos platos de oro, cobrándolos al doble. Fue un éxito.
Salió en muchas revistas extranjeras: los clientes retratándose, las parejitas,
los extranjeros. Pero los sevillanos no terminaban de cuajar. Había muchos
que entraban y lo primero que hacían era encender un pitillo, un síntoma
claro de falta de seguridad en sí mismo, y yo decía: malo, este está aquí como
gallo en corral ajeno.

El sevillano no sabía comer y, además, había muchos círculos. La ciudad
es como un zepelín, como aquel zepelín que me llevaron a ver cuando tenía
doce o trece añillos. Me acuerdo de la matrícula: DDZ127. Parecía que era
todo gas por dentro, pero no: estaba lleno de muchos globos de gas. Así, si falla
un globo, no se viene abajo, porque hay muchos globos, muchos circulitos.
Pues Sevilla es un poco como un zepelín: el círculo de los ganaderos, el de los
maestrantes, el de los industriales… Yo soy de Sevilla y no me escondo ni me
oculto, pero es lo mismo que si tu tienes una hija tuerta. Por muy hija tuya
que sea, no puedes dejar de ver que la niña es tuerta o tartamuda o coja. En
Sevilla hay mucho clasismo. Es de una amabilidad cordial, pero no se entrega.

Por eso, muchos profesionales de la cocina que han echado el resto termi-
naron por claudicar: Paul Busquets con el Pasaje de Oriente, el Universal, el
Hotel Inglaterra, con D. Francisco Carrere y Emilio en la cocina, que murió
en la Cruz Roja. Esa gente hizo un esfuerzo enorme por la gastronomía, pero el
sevillano ha sido de tapita, de barra, poco exigente. En los años sesenta, lo intentó Pedro Torres, en su hotel Colón. Tan profesional. A lo mejor se iba a la
costa a por una partida de langostas y se pasaba toda la noche en el mercado

discutiendo y comprando. En la compra y en la presentación era un auténtico maestro. Y años después lo intentó José Mari Egaña ¡y muchos otros!, pero los sevillanos ni invitaban en sus casas ni iban de restaurante. Los señores comían en sus clubs: en el Círculo, en el Aero, en Pineda… tú me dirás lo que se come en un sitio donde hay un concesionario a un tanto alzado y que lo único que va es a tirar de caja. En verano, si iban a un hotel de la playa, siendo gente de mucho nombre y raigambre, pedían para comer una tortillita. ¡Una tortillita! Y los profesionales se desanimaban. Muchos habían aprendido con Pedro Torres y tenían sus formas, pero el fondo, no. Si un género no se vende, no hay que aprovecharlo, porque es tirar piedras sobre tu propio tejado y eso les cuesta mucho asumirlo. Es un vicio en el que se cae con frecuencia y no sólo en Sevilla. También en Madrid y Barcelona, que no me estoy metiendo con Sevilla, sino con los profesionales que van alambicando todo lo que pueden. La gastronomía es cara. Tiene que serlo.

Ahora sí que empieza a gastarse dinero en comer, pero no la clase alta, los de siempre, sino los que tienen dinero, que son otros. Ahora todo se llena por el turismo. También los bares de toda la vida, que se han hecho restaurantes y parecen los mismos, pero no lo son. Nada es lo que era. Ni siquiera el agua es la que se bebía.

Ni yo soy el mismo. Estoy aquí, en mi terraza de Madrid, y no sé si entrar al piso, porque para qué, o si quedarme aquí para siempre.

La visión

A María Orzáez y sus hijos, a los que hacen quesos vivos
Castilblanco de los Arroyos, Sevilla

Cuando llegó a la casa ya era de noche. Bajó a sus tres hijos del coche, los acostó, descargó el maletero, echó un vistazo al porche y al salón, y prefirió acostarse. La había encontrado por un anuncio de alquiler y no le había dado tiempo de ir a verla. No era gran cosa, pero era lo que podía pagar. Allí criaría a sus hijos. Buscaba tranquilidad y aquel pueblo era tranquilo. Bastante habían tenido con la separación, con todo lo que vino después. No tenía idea de cuál sería el siguiente paso, pero al menos tenían, al fin, su casa, su refugio. Hubiera preferido algo cerca de sus hermanas, de sus amigos, pero los precios de los alquileres la fueron alejando, día a día, de la ciudad hasta acabar allí: en un pueblo de cinco mil habitantes, a tres cuartos de hora en coche. Mañana lo pensaré, se dijo. Estaba rendida.

Durmió de maravilla. La despertó un rayo de sol que se coló por una rendija de la contraventana y fue a dar justo en su cara. Silencio. Los niños todavía dormían. Abrió la ventana, sin saber qué se encontraría al otro lado. De hecho, no sabía si estaba rodeada de casas o dando al campo. Y entonces las vio: justo enfrente pastaba un rebaño de cabras. Y lo supo al instante. Fue como un fogonazo: haría quesos de leche cruda. Todavía no sabe cómo se le ocurrió aquello. Había probado quesos de leche cruda en Francia y le entusiasmaron. Tanto, que hizo un curso en la Provenza, pero de ahí a elaborar un plan... Su mayor ocupación había sido defender cada día como podía. No había plan. Sólo a partir de aquella mañana tuvo claro lo que quería hacer y lo hizo con una tenacidad que, incluso a ella, mirando atrás, la sorprendía. Sabía que era cabezota. Su padre siempre lo decía y sus hermanos se reían: María es todo tesón, tan menuda, tan pequeña, tan frágil aparentemente, pero cuando se le pone algo entre ceja y ceja... Y sí, se le pusieron las cabras entre ceja y ceja. Lo que no imaginaba es la muralla administrativa que iba a encontrar. Con el pastor, a campo abierto, se entendió enseguida, pero las ventanillas y el papeleo eran otra cosa. Nadie o casi nadie hacía entonces en España quesos de leche cruda. Le costó meses comprender cuántos obstáculos tendría que salvar. En 1978 se había derribado el primero: la ley de mínimos industriales con la que Franco, durante la guerra, quiso evitar las fiebres de malta y favorecer a las empresas que pudieran manipular cien mil litros de leche diarios. Las queserías artesanales sucumbieron o pasaron a la clandestinidad. De un plumazo se minimizó también la diversidad. Pero el Código Alimentario seguía perjudicando a las pequeñas producciones. Canarias, Extremadura y Andalucía, las que más ganado caprino tenían, eran las grandes perjudicadas. Sus cabras, las del pastor, mejor dicho, estaban entre esas que seguían en el limbo. La Junta no había determinado aún cómo producir quesos de leche cruda. De hecho, parecía que lo iban decidiendo a medida que les iba planteando qué hacer o, al menos, a María terminó por parecerle eso, mientras pasaban los dos años y medio que duró el papeleo para poder vender sus quesos.

Podría haber claudicado, introducir leche pasteurizada, modificar el proceso, pero avanzó, paciente, en sentido contrario: se comió parte de la casa para hacer el taller, midió el gasto para conseguir la cámara, recuperó los contactos que conoció durante el curso en Francia y fue mejorando el corte de la cuajada, el moldeado, el punto de maduración, mientras peleaba en la ciudad, mientras los niños estaban en el colegio. Ya sabía cómo presentaría sus quesos: en cajas bajas de madera y sobre paja, envueltos en papel, con solo una pequeña etiqueta. También soñaba las variedades: blanco, con ceniza, con lavanda, con algas. Sin conservantes ni aditivos, sólo utilizaría fermentos naturales. Sus quesos debían preservar su microbiología, nutrir. Y los cobraría bien. Todavía no sabía cómo. Cuando hacía cuentas se asustaba.

María tuvo dos cartas de presentación que le abrieron las puertas de los mejores entre los mejores de España: la calidad de sus quesos y la amable firmeza de sus ojos grises. El resto lo hizo el tiempo, encauzado en la tenacidad y la paciencia. Crecieron los hijos, probaron, buscaron, volvieron y tuvieron sitio para aprender y crear y multiplicar la obra de la madre. Hoy hacen com-

potas, fermentados, salsas, postres, conservas vegetales, chutneys y tantos buenos quesos como se pueda imaginar. Hijos y cabras, esa es la visión: la raza era
autóctona, los fermentos naturales, el trabajo manual, maternal, y el tiempo,
justo.

La mesa está servida

A Marili Fernández de Bobadilla, a todas las mujeres
dispuestas a transformarse con sabiduría
Jerez de la Frontera, Sevilla, Tokio, Nueva York

Renombrados arquitectos proyectan en casas singulares el comedor al entrar; en la entrada, vamos. Es un espacio de paso, pero se adivina comedor por la mesa centrada y las sillas aquí y allá, no siempre arrimadas a la mesa. El comedor de Marili, en la entrada, no disimulaba su función en su nuevo pero antiguo piso del centro de la ciudad. Lo había colocado allí porque no le terminaba de gustar lo del salón comedor y no había comedor y porque la entrada tenía el tamaño justo, muy justo, eso hay que reconocerlo, para su comedor de toda la vida, donde cabían sus hijos y nietos. Si no todos, muchos.

El jueves empezaba a poner la mesa para el domingo, con mantel de hilo y cubertería de plata, y a pensar el menú. En realidad, empezaba a imaginarlo en cuanto se iban el domingo anterior: la ensaladilla era irrenunciable como aperitivo, pero alternaba los *choux* de queso, los *dips* de mejillones, los canapés de anchoa o espinacas. No te compliques, mamá, le decían sus hijos, sin añadir: que ya vas para noventa y además estás tuerta, porque los había educado y la querían. Pero sí, era tuerta, aunque apenas se le notaba, ni ella lo notaba. Y le gustaba complicarse en la cocina; en lo demás, no, que la vida le había enseñado a ir soltando todo lo que amarra: casas, muebles, moda, vida social, incluso el éxito profesional que se labró, cuando las mujeres de su clase y edad no trabajaban ni despuntaban, aunque siempre había pensado que no se lo labró, que le señalaron el camino. Ella sólo lo siguió, se adaptó.

De primero, dudaba entre unos huevos a la turca simplificados y una *vichysoise*; y de segundo, lo tenía claro: *roastbeef*, que gustaba a todos y no había que hacerlo en el último momento, así podía charlar con las nueras y preguntar a los nietos por su vida. Y de postre, este domingo pondría crema de limón con ensalada de fruta. Listo.

Cuánto he agradecido en la vida, pensaba mientras colocaba los cubiertos, el esfuerzo de mi padre porque hablara bien inglés y francés, porque tuviera mundo, porque pensara más allá de Jerez, porque escuchara con atención, porque fuera disciplinada. Miss Annie, nuestra institutriz, me ejercitó y la enfermedad de Luis, mi marido, me dio la oportunidad de convertirlo en un oficio, en un estilo de vida propio. Lo que viene torcido también termina siendo una oportunidad. Todo es para bien y a todo se puede sonreír.

Lo de sonreír lo aprendió de los japoneses, cuando los jesuitas la mandaron a hacer las compras para sus tiendas de La Procura de Japón. Debieron pensar que era eficiente y trabajadora, que es lo que todos pensaban de ella, y aterrizó en Tokio con una idea clara: esto lo resuelvo en un par de semanas. Pero no. No imaginaba la parsimonia de los encuentros con los vendedores, por más que fueran citas concertadas: sonrisa, saludo, sonrisa, saludo, té, sonrisa, vuelta a inclinarse... pasaba media mañana y no conseguía cerrar el trato. Sólo la emplazaban a otra cita y vuelta a emplazar. Al principio, se desesperaba, pero fue notando que la sonrisa forzada que procuraba en su rostro modificaba su actitud, ablandaba su impaciencia y terminó por gustarle la gimnasia: sonreír, guste o no guste, sonreír. Ya en España lo hizo hábito. Probablemente fuera parte de su éxito cuando la contrataron como encargada de tienda en Loewe: clientes, empleados, jefes, a todos sonreía, sin modificar la estricta planificación que había trazado, y funcionaba. Vaya si funcionaba. Ahora, vieja y algo achacosa, se sonreía a sí misma. Era a quien tenía que ganar, que convencer de las ventajas de tanta quietud, de tanta oscuridad.

Esta noche cenaría crema de calabacines y tortilla francesa, poco hecha. Cualquier cosa le valía y la chica que la cuidaba la hacía muy bien. Mientras, recordaba con deleite el viaje que hizo a Florencia con sus hijos y nietos, y contemplaba las flores que le traían sus hijos: orquídeas, calas, rosas. Las podía oler en la penumbra callada del salón. Eran buenos hijos. Sacaron la casa adelante, tan jóvenes, durante los años que inauguró y se hizo cargo de la tienda de Loewe en Nueva York. Ella les dejaba el arcón congelador a rebosar, que Enrique Loewe le había prometido que podría volver cada dos o tres meses para ocuparse de su familia y llenar de nuevo el arcón. Cinco varones y su marido, aunque enfermo, comían mucho. Hacía un táper para cada almuerzo y otro para cada cena: el primer lunes, el primer martes, el primer miércoles y así, todos con sus letreros, hasta el día noventa, por si se retrasaba. Pollo en tomate, pollo con curry, pechugas, ragout, redondo de ternera, bistecs picados, lasaña, macarrones con tomate, cocido, coliflor a la parmesana, muchas croquetas… procuraba no repetirse y les explicaba el orden que debían seguir, pero antes de que volviera la primera vez, le confesaron que, en realidad, se habían comido primero todas las pizzas, después todas las croquetas... ¿Las coliflores y los budines de brócoli? No, eso no lo habían probado todavía. Terminó haciendo mucho de lo que querían y el arcón quedaba ordenado por gustos, no por días. ¡Qué más le daba! Abrir Loewe de Nueva York era una tarea ingente, pero Enrique Loewe confiaba en ella. Y ella también confiaba en ella. Lo haría y ¡bien! Ahora tiene que hacer bien la vejez. Ya la avisan: la mesa está servida.

El activista

A Juanma González, a todos los activistas
con fuerza para impulsar procesos
Sevilla, Málaga, Granada

No tengo claro si lo eligió. Me refiero a trabajar por casi nada, que no de voluntario, para crear la red de semillas. El activismo es un reclamo poderoso cuando la edad pide movilizar lo que no funciona y la verdad es que pocas cosas funcionan. Menos aún, las instituciones. Hay que encontrar opciones alternativas. Pero la militancia es más disciplinada de lo que puede parecer en un principio. No está claro dónde acaba el sentido crítico, compañero, y dónde hay que apechugar. La fragmentación suele ser resultado de la impaciencia por desenredar ese nudo, los muchos nudos que se enredan día a día, porque los empeños son muchos y la moneda que devuelve el esfuerzo se llama frustración. Formar parte de la creación de la red de semillas parecía lógico, por formación, por convicción, pero quizá podría haber abarcado más, pensó al principio, por capacidad, por intereses, por ambición. Quizá no encontraron a uno más tozudo y los cometidos que arrancan de la nada, de una semilla diminuta, necesitan convicción, tesón, empeño.

La mayoría de los de su cuerda no sabía ni lo que era una red de semillas. El trabajo empezó desde dentro, desde lo oscuro, como la semilla: explicar a los suyos que se podían crear redes de campesinos que intercambiaran semillas de variedades locales, que de camino se podía generar un banco de datos, que eso impulsaría las huertas urbanas que estaban activándose como forma de asociacionismo de base, que era una estrategia para revertir el empobrecimiento y la marginación provocados por la llamada Revolución Verde que a partir de 1960 había aumentado la productividad agrícola a costa de generalizar el uso de fertilizantes y pesticidas.

No imaginaba hasta qué punto estaba todo por hacer: había que definir objetivos políticos, pero también inmediatos; había que buscar apoyo público sin bajar el listón; había que crear una estructura organizativa evitando la paralización; había que contactar con los compañeros que trabajaban en los grupos de desarrollo rural, en calidad certificada y en las denominaciones de origen; había que aprovechar al máximo el liderazgo de Andalucía en producción ecológica; había que coordinarse con investigadores y asociaciones internacionales; había que divulgar el conocimiento sobre la extracción y conservación de semillas; había que seleccionar variedades adecuadas a los gustos y necesidades reales; había que elegir los descriptores que caracterizaran a esas variedades; incluso había que poner en uso un vocabulario riguroso pero accesible que llegara a campesinos y consumidores. En definitiva, había que retomar el control de la agricultura empezando por el nivel local.

Nada más empezar los contactos y tras inscribir en el registro de variedades comerciales las primeras variedades, llovieron las convocatorias: congresos, redes internacionales, convenios, ferias de productos ecológicos, incontables reuniones, llamadas, correos electrónicos, plazos, horas de trabajo. La semilla había explosionado y la red se tejía. Las áreas de conocimiento se abrían a investigaciones pluridisciplinares, las agrupaciones, no tanto los agricultores, se implicaban, la administración respondía. En poco tiempo habían trazado un mapa de uso y conservación de prácticas locales y los contactos con asociaciones se habían consolidado. Málaga, Sevilla y Granada iban por delante. Había que incidir en Jaén y Almería. Los contactos con las redes de semillas de diferentes territorios del estado funcionaban y se habían abierto cauces en Italia, Francia, Holanda, incluso Méjico.

¿Cómo pudo pensar que el campo sería estrecho? Era tan inabarcable que su corazón dejó de latir.

Me voy al campo

A Margaret de Arcos y a todas las mujeres que
conservan sólo por el gusto de dar
Sevilla, Mojácar, Puebla de Cazalla

¿Por qué alguien que no prueba el dulce, que incluso le sienta mal, decide con firmeza, casi con pasión, hacer mermeladas durante décadas, sin tregua, sólo para regalarlas? Mermeladas de todo, de cualquier fruta y hortaliza, de sus mezclas, con especias o sólo con el punto justo de azúcar. El caso es completar el proceso: hervir los botes vacíos, dejarlos templar, preparar la fruta, llevar el almíbar a su punto, rellenar los botes con la mermelada, cerrarlos, ponerlos bocabajo, hervirlos durante cuarenta minutos, etiquetarlos y almacenarlos. Como una artesana que aprende del oficio mismo ha perfeccionado la técnica: no necesita termómetro, ni siquiera probar el almíbar con los dedos humedecidos. Pesa las cantidades, pero no mide el tiempo: reconoce a ojo cuando empieza a cristalizar el almíbar y le sale. Siempre, perfecto.

Mermelada de higos, la más fácil porque no hay que pelarlos, de berenjenas, de pimientos, de naranja, de limón, de cerezas, de brevas con manzanas, de tomate, la más complicada. Son sólo para regalar algo dulce, delicioso, bello, cuidado... y hermético.

Todo empezó hace más de veinte años, en una finca con setos interminables de romero. La floración cubrió en febrero la superficie de los troncos leñosos, pintando el horizonte de ese color que no es azul ni violeta ni añil, sino romero. Durante largas horas recogió las diminutas flores hasta llenar dos cestos, para hacer conserva de flor de romero. Resultó un diminuto frasco, pero fue el germen de una inclinación primero, de un afán tenaz al fin. En las huertas generosas de los amigos, recolecta; en el mercado, compra cajas de cerezas o lo que esté a precio y, además del fruto de su propia huerta, acoge los tomates, pimientos, berenjenas y uvas que le regalan los vecinos. Todo lo que sobra encuentra sitio en su cocina para producir esos botes de cristal transparentes, brillantes, coloridos. A decenas, a más de ciento por temporada. Aunque ella no los pruebe ni siquiera al hacerlos, que sólo conserva para multiplicar sin tregua ese dar y recibir que enlaza afectos, hace familia, atrae amigos y endulza la vida, sin necesidad de abandonar el hermetismo.

Embotellar las emociones, de modo que sigan vivas, pero sin interferir en las relaciones con los demás, es una opción cuando se necesita tiempo para templar, componer y buscar una segunda vida a lo que parece que se agota. La confrontación agota. Sin embargo, la confianza en los procesos que se repiten en la templanza sostiene, aunque sea al precio de encerrar lo que se valora o precisamente porque no se lo expone.

Es hermosa la emoción aceptada y contenida y también la contención misma. Apartarse, buscar el lugar donde conservar después de haber vivido, discurrir como el gusano de seda que se reserva para transformarse, pero antes hila el capullo amarillo que causa admiración y aporta beneficio por su inquebrantable resistencia.

Mercurio en Antequera

A Carlos Aragón y Leonor Sánchez y a todos los
que distribuyen lo bueno, limpio y justo
Alameda, Málaga

Cuando empezaron a abrir en Andalucía las tiendas ecológicas, la mayoría de los productos envasados eran importados. Hubo que hacer un esfuerzo para que lo local llegara a sus estantes. Había que saber qué productos podían tener salida, localizar a sus productores en ecológico, cerrar acuerdos, envasar, vender, invertir; en definitiva, dedicar tiempo y medios. En Andalucía, Carlos y Leonor fueron pioneros y lo hicieron desde el centro geográfico de la región, desde la comarca de Antequera, con su hermosa capital rodeada en un círculo por pueblos antiguos de nombres sonoros: Fuente de Piedra, donde anidan los flamencos, Humilladero, Mollina, Casabermeja y Alameda, su pueblo.

La Vega de Antequera, como otras comarcas con regadíos históricos, estuvo atravesada durante siglos por los recorridos de los arrieros que llevaban alimentos de la costa al interior y de las campiñas a las vegas. De Algeciras a Madrid, pasando por Ronda, de Madrid a Sevilla, de Cádiz a Málaga o conectando los pueblos de las campiñas con las serranías. Desde las vegas se transportaban los cultivos a los mercados comarcales y de éstos a las poblaciones de menor rango. Una intrincada red de caminos en mal estado, pero cruciales.

Tan cruciales como han sido ellos dos para la distribución actual de productos ecológicos a granel en Andalucía. No fue un plan preconcebido. Como tantas cosas que salen bien, vino rodado: Carlos llegó de Madrid a Alameda sólo para impartir un curso de agricultura ecológica, pero no le dio tiempo de volver a la capital. Se enamoró de una mujer de nombre inolvidable. Cambio de planes: procuró seguir trabajando en agroecología desde la administración pública andaluza. Y otro cambio de planes: su suegro se jubilaba y les dejó su confitería en Alameda para montar una tienda de productos ecológicos. No era fácil vender en un pueblo de cinco mil habitantes lo que entonces sólo empezaba a despuntar. Había que vender fuera y, para eso, había que envasar. Nuevo cambio de planes: ampliar el radio de venta. El obrador de la confitería se convirtió en almacén de todo lo que las tiendas ecológicas empezaban a reclamar entonces: soja, arroz basmati... aquello que no era todavía habitual en el mercado. Localizaban a los productores, compraban y envasaban, al tiempo que empezaban a tostar frutos secos. El radio de producción era preferentemente corto, pero no hay que olvidar que Andalucía es muy extensa y muchas comarcas están dedicadas al monocultivo. Fue necesario localizar legumbres ecológicas en Castilla. Ahora, los garbanzos vienen de Trigueros, Huelva; los arroces de las Marismas del Guadalquivir; las almendras de Priego de Córdoba; los pimientos ñora de Sierra de Yeguas, Málaga. Como son de radio corto el aceite, la quinoa, los piñones, las nueces, los pistachos, los anacardos y las frutas.

Un paso más fue deshidratar higos, moras, pasas, caquis, dátiles, mangos, cocos, arándanos, plátanos, ciruelas, fresas, frambuesas, peras, pimientos, tomates, melocotones... el almacén se llenaba de color; las pequeñas bolsas de papel de estraza, de trozos de frutas y de semillas diminutas: sésamo, lino, amapola, cáñamo, calabaza, girasol.

Diversificar la oferta ha sido, en realidad, la única forma de sobrevivir a la competencia que ha impuesto la venta de productos ecológicos en las grandes superficies. Son imbatibles. Si los pequeños distribuidores tiraban antes vendiendo legumbres ecológicas, ahora necesitan tratar más de cien alimentos, con lo que eso supone de multiplicación de gestiones, instalaciones, maquinaria y mano de obra. Su única opción es ampliar la oferta y confiar en que también crecerá el número de consumidores conscientes de la importancia que tiene su elección. Esos consumidores sostienen en Europa y parte de España muchos cultivos locales de calidad. No es lo mismo comprar directamente a un productor local o con un solo salto en la distribución que comprar en un hipermercado y lo saben. Su elección ayuda a que los agricultores vivan del campo, revierte la despoblación y disminuye la dependencia alimentaria.

A ese consumidor, al que también se llama coproductor, lo encuentran ellos dos en contados mercados ecológicos semanales —Sevilla, Málaga, Marbella—, en unos pocos restaurantes, y en algunos colegios donde los padres han organizado comedores escolares fuera del centro escolar, para garantizar la calidad. Habas contadas, pero asiduas.

El camino está en mal estado, como lo estaba para los arrieros. Las vías son ahora virtuales y es difícil no quedar desplazado. Sólo cabe esperar que los usuarios de las redes difundan el buen hacer de los que trabajan distribuyendo buenos productos locales, como antes se anunciaba de Málaga a Antequera la llegada de los mejores arrieros.

Naranjas para el catalán

A Pepa Martín y a todas las mujeres
que sacan vida de debajo de las piedras
Dos Hermanas, Sevilla

El tren, el Catalán, llego a Barcelona a las 8.30 de la mañana. Entonces era el principio de la democracia. Desperté a mis cuatro niños que, aunque íbamos en tercera, estaban cuajados. Habíamos pasado mucho los días anteriores, durmiendo en un hogar donde el Ayuntamiento de Sevilla recogía a la gente de noche. Nos tuvieron tres noches recogidos, pero de día estábamos por la calle dando vueltas. Nos habíamos escapado de mi marido.

Fue dicho y hecho. Llegó de trabajar y ya el aire se cortaba con un cuchillo. Yo compraba lo que podía, porque no me querían fiar ya en las tiendas y él no trabajaba, y gritó: Te he dicho que no compres el champú de fresa, que no me gusta. Y me fue a dar un guantazo. Mi Manolo tenía ya catorce años y dijo: Ya no le vas a pegar más a mi madre.

A los hijos no les había pegado nunca, la verdad, pero le pegó a mi Manolo. Me fui a casa de mi madre con los niños y, al rato, ellos me dijeron: Mama, nosotros nos vamos a ir, ya no volvemos. Y yo: Pero si yo estoy esperando por ustedes.

Además, que en Dos Hermanas no había trabajo en los almacenes de aceitunas, se pasaba hambre. Entonces, nos fuimos a casa de mi hermana Mari, que estaba un poco más retirada, porque la de mi madre estaba al lado de la mía. Esa misma tarde, cogimos todos el camino de los autobuses Amarillos a Sevilla para irnos lejos, lejos, con lo que teníamos puesto, que era una bata, porque era verano. Le dije a mis niños: nos vamos a ir a Barcelona. Esto es importante, porque yo escuché decir en la televisión: en Barcelona recogen a las mujeres maltratadas y a sus hijos, vamos a preparar unas casas para ellos. Pero cuando llegamos a Barcelona no había nada, me había enterado mal.

En el hogar de Sevilla me dijeron: si vas al ayuntamiento, te pagan la mitad del viaje. Y fuimos, pero al principio no querían porque no se creían que mis dos mayores tuvieran quince y catorce años, que son muy grandes, como su padre. Al final me lo dieron y mi madre mandó con mi hermana lo que faltaba para los billetes, lo poquito de ropa que pudo y dos bolsas de naranjas, de las últimas de la temporada.

Y ya estábamos en Barcelona. Nada más bajar del tren, nos sentamos en un banco del parque que había delante de la estación y empecé a pelar naranjas. Nos supieron a gloria, pero cuando nos hartamos, no sabía para dónde tirar. Barcelona era muy grande. Yo traía el nombre del hospital donde trabajaba una tía mía lejana y allí que nos fuimos andando, venga preguntar y venga perdernos. Cuando nos plantamos delante de la puerta del hospital, había mucha gente y yo no me acordaba bien de su cara. Pasó no sé de tiempo y ya anochecía y debíamos dar pena, porque se nos acercó un matrimonio mayor y, cuando le conté la situación, dijeron: Esta noche os podéis quedar en nuestra casa y mañana iremos al ayuntamiento a ver si encontramos a tu prima.

Y así fue: en el ayuntamiento me dieron el paradero de mi tía y la encontré, pero cuando nos vieron entrar se quedaron de piedra. El piso era chico y ya eran cuatro, y así y todo estuvimos allí casi tres meses, hasta que mi tío dijo que así no se podía vivir y era verdad, que al cuarto de baño no se podía entrar. Entonces, llamé llorando a mi madre, pero no me podía ayudar porque la paga del campo que tenía era muy chica. Mi tío me dijo que le escribiera al alcalde y fui con mis niños a llevarle la carta explicando lo que pasaba, pero no sé para qué, para nada, para leche, que la carta la tirarían a la papelera. Pero se ve que uno de los dependientes del ayuntamiento se compadeció y me recibió el alcalde. El despacho no se me olvida que era verde, ahora lo distingo que debía ser terciopelo verde. Salimos locos de contentos y, además, que las puertas se abrían solas y nosotros no parábamos de pasar, una vez y otra y otra, venga entrar y salir, muertos de risa.

Entonces Barcelona ya estaba caída, ya no había tanto trabajo como antes. Yo tenía ya a los niños en el colegio, a los dos chicos, pero mi niña mayor no quiso ir, porque las niñas iban con ropa buena y ella no podía, que a la otra le dio igual y se ha sacado una carrera, pero ella no quería. Del colegio me mandaban lo que sobraba de comer los niños, las bandejas: pollo, carne, arroz, pero todo con muchísima zanahoria, que estábamos hartitos de zanahorias. Con lo que yo ganaba cuidando a los nietos de mi tía, le hacía a mis niños huevos con patatas y patatas con huevo, patatas por un tubo. Pero no teníamos dónde recogernos.

Salió un piso de portero que se quedaba vacío y expusieron mi caso y el piso fue para nosotros. Yo tenía que fregar la escalera y la entrada todos los días y la acera una vez a la semana. Nos volvimos locos de contentos. Fuimos a una chatarrería a por una mesa, sillas y colchones, que mi Manolo no quería los colchones, pero yo cogía todo lo que me daba la gente y ya pusimos un poquito aquello. Tan locos estábamos, que una vecina me dijo que no pusiéramos tan alta la televisión y no era la televisión, que no tenía, éramos nosotros charlando y riéndonos.

El piso estaba a la vera de Montjuic. Ya iba teniendo alguna casa para limpiar y ganaba para coger el autobús y hasta compraba filetes, no te lo pierdas. Me dieron un carrito para ir a comprar y mi hermana me regaló una olla exprés chiquitita y hacía lentejas o garbanzos, lo corriente. Para los cumpleaños, lo mismo y reírnos y ya está. Pero al cabo de siete meses, nos enteramos de que mi marido había dejado embarazada a una de veinte años, así que cuando tuvo el niño ya nos podíamos volver. Yo me quería quedar por el dinero, pero los niños empezaron a llorar por turnos. Cada día lloraba uno, que se ponían de acuerdo, así que tuvimos que decir en la casa que dejábamos la portería.

Al volver ya fue otra cosa, que el juzgado había cambiado y me dieron la razón de quedarme en la casa con los niños y él tenía que pasar una manutención que nunca pasó. Antes, cuando de recién casados trabajábamos en El Arroyo de la Miel, en Málaga, fui a la policía a denunciarlo y el policía me dijo: Usted no se preocupe, que eso es como si le pegara su padre.

Eso se había acabado. Mis dos niños mayores se pusieron a trabajar y mi Manolo además jugaba al futbol, que cuando metía un gol, el lunes en el trabajo me escocían las manos de tanto aplaudir. Mi tercera quería ser astronauta, que no lo fue, pero fue abogada y mi chico es enfermero. Ya tienen sus parejas y tengo cuatro nietos. Ahora estoy bien, lo único que tengo malamente una tripa que no sé cómo se llama. Dicen que es porque no he aprendido a mascar bien. Pero, cómo me iba a enseñar mi madre a mascar, si mi padre la dejó cuando yo tenía seis o siete meses y después encontró otro peor que le hizo cuatro niños más. Ella pedía la muerte. Esto te lo digo sin mirar para los lados. Se murió de vieja, pero no estaba conforme con la vida que había tenido. ¡Como para enseñarme a mascar!

Pepa tiene setenta y siete años y es guapa, muy guapa ¡que se sepa!

Cultivos delicados y duraderos

A Expiración García Sánchez, a las investigadoras
que dan fruto y lo ofrecen
Granada

Con la sabiduría de quien se sabe punta de lanza de un conocimiento que da
fruto, Expiración García Sánchez medita sus palabras, su tono. No necesita
subirlo, no es su estilo ni es el cauce que quiere dar a sus conocimientos. Ha
elegido dejarlos fluir por las acequias, resbalar por las terrazas, regar los huertos
y bancales. Lo ha elegido y lo trae de cuna.

Eligió investigar la agricultura andalusí, su botánica, su alimentación,
su dietética, su farmacología, los jardines históricos. Todo lo que iba descu-
briendo en los tratados de Ibn al-Baytar, de Al-Tignari y lo que recogía del
intercambio pluridisciplinar, que también ha sido su vocación no encajarse
en una vertiente. Escuchar, compartir hasta conseguir lo que no imaginaba
cuando ingresó en la Escuela de Estudios Árabes de Granada: recuperar las
huertas del Generalife en Granada en equipo con Esteban Hernández Ber-
mejo, el promotor incansable. Reunir a expertos para devolver los cultivos ori-
ginales a las cuatro huertas que seguían en uso. Qué evocadores sus nombres:
¡Colorada, Grande, Fuente Peña, Mercería!

Tarea compleja, pero amable. Expiración trae de cuna la sonrisa, la mirada dulce y transparente, la voz cadenciosa, los gestos prudentes, el corazón
abierto. No ha malgastado su herencia. Supo imprimirle disciplina, humildad
y voluntad de comunicación. El resultado es la seguridad de quien tiene oficio,
la precisión de quien aplicó rigor a la investigación que no a la vida, la claridad de quién sin ser docente se esfuerza en transmitir sus talentos evitando
claves cifradas, la liberalidad de quien hace equipo.

Los bancales, vegas y tierras abiertas de al-Andalus, que fructificaron con el regadío hace cientos de años, modificando el paisaje y favoreciendo una agricultura singular para el Mediterráneo no pueden agradecerlo. Tampoco los hortelanos que vendían en los zocos sus peros y ciruelas, sus moras y manzanas, los limones y naranjas recién implantados desde Oriente. Ellos no pueden, los que aprendimos de ella, sí.

El consuelo del olor

A Ahmed y a todos los padres que se reinventan
para dar vida a sus hijos
Chefchaouen, Castillejos, Ceuta, Sevilla

Ahmed tiene cincuenta años, pero le faltan tres dientes y cuatro muelas. Le faltan también nutrientes, pero eso no lo sabe. Sólo sabe que su hijo tiene que estar en el hospital para diálisis a las nueve de la mañana y el tren que los lleva del pueblo, donde les han dejado un piso, sale a las siete y media. Hace frío a esa hora. Empuja la silla de ruedas de su hijo, que pesa porque ya ha cumplido quince años y musita sus oraciones. El niño ha rechazado dos trasplantes desde que llegaron a España, cuando tenía ocho. Los enviaron desde el servicio de diálisis de Ceuta. Su mujer se quedó con sus otros tres hijos en Castillejos, donde se amontonan los que quieren cruzar. La familia no los ayudaba, porque su suegro sentenció que por salvar a un hijo no se puede abandonar a los demás, pero Ahmed ya había tomado la decisión: no dejaría morir al segundo de sus cuatro hijos varones.

Cuando llegó a Sevilla, no sabía español, ni tampoco cocinar, pero fue aprendiendo. De español lo justo, que no tiene tiempo con tanto ir y venir con la silla de ruedas al colegio o al hospital, que es ya como su casa del tiempo que han pasado allí. Meses y meses, después de cada trasplante y con cada recaída. Su hijo sí ha aprendido español, pero él no. Lo justo para comprar garbanzos, lentejas, pan. Si no, señala. Suelen ser amables, pero a él le cuesta sonreír, no porque no lo agradezca, ni porque le importe que le vean las mellas, sino porque le cuesta hablar, sonreír, hasta pensar.

Por la noche, cuando no puede dormir, que es casi siempre, piensa en lo que puede hacer de comer. Después casi siempre hace lo mismo. Lo que le gusta a su hijo, lo que puede comer, que muchos alimentos van mal al riñón, lo que le alcanza el dinero, lo que encuentra en este pueblo, que no hay lo mismo que en Chefchaouen. No hay membrillos ni higos como aquéllos. Sí hay peras y manzanas, que las puede comer su hijo, pero no son iguales, aunque también en su pueblo traen ya la fruta de lejos, de Agadir, al otro extremo de Marruecos, en el Atlántico. En todas partes pasa igual y nada sabe igual o ni siquiera sabe. Pero en su cabeza sigue reconociendo el olor de aquellos higos, del comino, la cúrcuma, el jengibre, el hinojo y *albojur*, el incienso. Su mujer quería la henna hecha con espliego, rosa y clavo. Los sigue oliendo como si estuviera allí, aunque quizá no, quizá sean sólo los olores de su cabeza. Por la noche, cierra los ojos y le parece entrar en el mercado: las tiendas fijas de alrededor están abiertas, todos hombres menos la mujer de los pollos, que es viuda; en el centro, sobre cajas de madera, están los puestos ambulantes: zanahorias, berenjenas, calabazas, nabos, naranjas… en verano, tomates, sandías, melones. También venden *Lbæn*, la leche cuajada que aquí no encuentra y, aunque la vendieran, no podría comprarla. Pero eso no lo entristece. No es eso. Es su hijo, aunque él si se ha acostumbrado a estas comidas, a las del hospital que cuidan que sea halal, y a lo que él prepara, siempre sin sal: garbanzos, arroz y, los días especiales, pinchitos de pollo y *d-læmraya*, las tortas dulces y esponjosas que tanto le gustan. Pero él sí piensa en las comidas. ¿Qué le queda, ahora que no tiene mujer, ni familia, ni trabajo, ni amigos, ni nada que no sean días, que al final son años, para procurar que su hijo viva, aunque sus otros hijos no sepan ya que tenían un padre? Cuando lo piensa se le hace un nudo en el estómago. Pronto amanecerá. Se inclina para sus oraciones.

Sal de hielo

A Manuel Ruiz, a todos los salineros
Marisma de San Fernando, Cádiz

Atardece el mes de julio en Cádiz. Sur de España, donde Andalucía se baña en el Atlántico y Europa comprueba lo cerca y lo lejos que está de África. Atardece el mes de julio y el salinero acude a su cita. Hace miles de años que lo llaman cada atardecer de julio y agosto a recoger los finos cristales de la flor de sal. Pero no siempre cuajan. Solo cuando el sol aprieta y la temperatura del agua ronda de noche los 40°. El viento se detiene y una brisa sopla, muy suave, al atardecer. Entonces, sólo entonces, se produce el milagro: un milímetro de cristal cubre la salina. Parece hielo, pero es sal. La mejor. La que sabe más que sala, la que se funde y no cruje, la que ensalza el sabor de cada alimento.

Se acerca el atardecer y el salinero acude puntual. Es su oportunidad. Hay veranos malos, los que no suman más de cuatro o cinco días de cristalización, pero otros vienen mejores. Siempre hay que esperar. Se inclina, medio amante medio cirujano, y corta con la precisión de una caricia la escarcha blanca. La luz del atardecer tiñe de rojo la salina, pero todavía puede ver. Es el mismo rojo que motea a las salicornias que crecen al borde de los estanques, las que alimentan a los pequeños crustáceos que nadan en sus aguas y pintan de rosa las plumas de los flamencos que paran en su migración para hundir sus largas patas y sus picos en las aguas someras.

Ha pasado un buen rato, el cielo ya amarillea. El salinero no necesita reloj. Ni el viejo reloj de sol que presidía las salinas ni el nuevo a pilas. La cosecha de sal mide su tiempo. Una tarde, un día más. Se incorpora y lleva sus manos a los riñones. La salina es dura. Respira y mira al horizonte, satisfecho de estar allí para hacer su parte en el ciclo milenario que los hombres del sur pactaron con la naturaleza.

Empezó a finales de primavera, cuando escampó la lluvia. Limpió como cada año la salina y dejó entrar a las aguas madres. Durante mes y medio recorrieron los estanques: uno tras otro, kilómetro a kilómetro, sin más impulso que la gravedad al descender en su recorrido. Son los estanques que idearon fenicios y romanos, pequeños pero eficaces. Los vientos de levante y poniente soplan potentes y evaporan en su vuelo las salinas. Es el trabajo de la naturaleza que elimina metales pesados y deja el yodo, el potasio, el hierro, el magnesio y hasta ochenta elementos más, que tiene la flor de sal y de los que carece la mayoría de las sales. Porque la sal de hielo no se lava ni se procesa artificialmente. Solo hay que dejarla secar y tamizarla. Igual que ayer, igual que siempre. No necesita más.

Necesita solo del trabajo paciente del hombre que recoge los limos y limpia las bocas de los caños para que fluya la corriente, que mantiene los estanques y controla el color del agua, que labra la salina y cosecha la sal, que aprende y transmite el conocimiento atesorado durante miles de años. Y esa necesidad de mano de obra ha sido precisamente la ruina de muchas salinas. Hoy son testigos mudos de un mundo amenazado. Sus sencillos caseríos, todavía hermosos en su blancura desvaída, salpican el paisaje llano y luminoso de la Bahía, pero hace tiempo que nadie los trabaja, solo la lluvia que hunde sus tejados y el viento que tira cada año un trozo de muro. Solo el agua, el viento y el mar ofrecen cada año una nueva oportunidad y solo unos pocos valientes la recogen y apuestan por cultivar la flor de sal.

En lo alto de la rama de un naranjo cadenero

A Juan y César Salamanca Ocaña, a todos los
productores virtuosos de cítricos
Palma del Río, Córdoba

El sol no da en el suelo. Tantos naranjos hay. Los niños se suben a uno y ya puede ir la madre a buscarlos que allí no los encuentra nadie. Conocen las ramas, pasan de un árbol a otro sin pisar suelo, presienten la luz que se filtra entre las hojas y saben hasta dónde alcanza. Observan, auscultan, sueñan. En el silencio, salpicado por el vuelo de las moscas, llegan voces de las casas, de su madre y de sus tías. No escuchan, hasta que oyen la voz del abuelo Ocaña, llamándolos. Bastan dos voces y ahí van corriendo, a recolectar trigueros, a pescar, a cazar. A veces, vienen también los amigos del abuelo y hablan entre ellos del campo, de las huertas, de si va a llover, de las norias de vuelo de Palma del Río, que riegan los trece pagos de huertas del Genil. Uno cuenta que también las hay en el Guadalquivir y en el Guadajoz, pero que las veinte azudas, los diques de Palma del Río, son únicos. Otro conoce a los que mantienen los canales abiertos y los menores con sus compuertas, y a los que velan por los cangilones, que son los cajones que sacan el agua. Son muchos oficios y muchos conocimientos los que han hecho falta para que rieguen desde no se sabe cuándo.

Por mor del riego llegaron sus abuelos a Palma, desde un cortijo de Las Quemadas, en Córdoba. Pero su padre remanecía de La Charilla en Jaén y su madre de Benalúa en Granada, que en esos pagos se manejaban bien con el riego y por eso los reclamaban de los cortijos. En esa itinerancia vivían muchos en Andalucía, siguiendo unos el calendario de las cosechas por un jornal, compaginándolo algunos con las minas, cruzándose con pastores y arrieros, con reatas de mulas o, como su familia, trabajando los sistemas de riego.

Con los planes de regadío muchos trabajadores se asentaron en Palma del Río por los años cuarenta; entre ellos, sus abuelos y los hermanos de su abuela. Las tierras de regadío de las vegas del Genil y del Guadalquivir solían explotarse en minifundio. Cinco hectáreas era suficiente para vivir, con una había que trabajar también fuera. Los latifundios no habían introducido todavía el regadío; tenían secano, pastos y caza. Media vida, pasaron sus abuelos plantando y cultivando naranjos, procurando estudios para sus hijas, cediéndoles terreno para levantar sus casas allí mismo, cuando formaron sus familias.

El año que murió el abuelo Ocaña, sus dos nietos eran ya hombres y habían señalado sus caminos. Uno se quedó en Palma, dispuesto a seguir produciendo las antiguas naranjas cadeneras del abuelo, además de las navelinas y salustianas. El otro voló para estudiar lo que soñaba de niño en lo alto del naranjo: el campo, que ahora se llamaba biología, ecología y conservación de la naturaleza.

La vida los separaba, pero cada vez que se veían, el mayor le decía al chico: pon las naranjas en ecológico y véndelas por internet. Un disparate, pensaba su hermano, que echaba todas las horas del mundo en el campo y ni así le salían las cuentas. Pasaban años y una y otra vez: pon las naranjas en ecológico. Hasta que un día dijo: Voy a poner las naranjas en ecológico.

El siguiente paso tenía que ser vender por su cuenta, que a los que controlan el mercado les da igual ecológico o no. Hay que vender al consumidor, le decía su hermano, a tiendas de confianza. Ahí empezaron a confluir sus caminos. Trabajar bien el campo no es sólo evitar pesticidas. Hay que controlar las plagas, buscar aportes, respetar los tiempos de maduración, explicar al cliente que las naranjas y los limones se recolectan del árbol a pedido, nunca antes, que no se guardan en cámaras. En paralelo, hay que generar redes, contactar con grupos de consumo y puntos de venta, ir a ferias, moverse.

Quince hectáreas y una producción que oscila mucho, porque lo mismo pueden ser doscientos que cuatrocientos mil kilos, significan para ellos seis o siete personas trabajando en temporada y dos el resto del año. Muchos, impensable cuando la automatización lleva décadas vaciando el campo. Esa es la tendencia. Sin embargo, en estos cultivos familiares la especialización y la complementación son claves. Si un hermano echa todas las horas en el campo, el otro tiene que sacar adelante la gestión, la logística, el marketing y el mantenimiento de la web y de las redes. Tiene que vender. El reto para ellos fue encontrar nichos de mercado, introducirse en circuitos periféricos. Cuando las grandes superficies venden ecológico sin más requerimiento que una certificación que no garantiza el cuidado en el cultivo ni la excelencia del producto y generando desplazamientos transoceánicos, competir no es fácil, pero sí posible. El proceso fue lento: tenían que llegar a consumidores dispuestos a esforzarse por comprar lo bueno y justo. Lo más fácil es ir a una gran superficie. También tenían que llegar a las tiendas que buscan la excelencia en el cultivo, que las hay. A veces, tardaron hasta dos años en consolidar los contactos, pero les funcionó.

Un día, un año empezaron a confluir las aguas: los árboles se habían recuperado de la reconversión en ecológico y el aumento de la demanda refrendaba la calidad. Duplicaron ventas. Siempre recolectando el día que el cliente lo pide, cuidando igual los pedidos de envergadura como los mínimos, abriendo la finca a las visitas y explicando a cada cliente de palabra o por mail cómo ha ido la temporada, las dificultades que han sobrellevado, los planes que tienen. Cercanía. En ese compás, desvelándose por el campo y por la tecnología digital, el sabor de las mandarinas, naranjas, pomelos y limones parecía irradiar nuevos significados. Las naranjas se regalan ahora cuando se debe un favor a un médico o a un abogado, por fiestas, quizá para seducir. Debe haber algo emocionante en el aroma del jugo de esas naranjas.

Las aguas siguen su curso y Juan ha podido comprarle a la familia la mitad de la casa del abuelo Ocaña con sus 8.000 m² de naranjas navelinas. Ahora vive en la casa donde creció hasta los nueve años y recolecta los árboles donde trepaba, donde escapaba a sus sueños. Me siento libre, dice. El círculo se ha cerrado.

La isla del tesoro

A Pepe Monforte y a todos los que hacen posible Cosas de Comé
De Cádiz a Sevilla y de Sevilla a Cádiz

A Pepe Monforte le susurran todos los días al oído o por wasap el plano de la Isla del Tesoro. Los fines de semana sale a buscar esos tesoros, bien acompañado, y a diario sigue sus pistas sin moverse de la silla, que para eso está la tecnología. Las pistas afloran incesantemente.

Antes de embarcarse en estas cosas, no imaginaba que un tesoro lo llevaría a otro tesoro, que la isla estaría repleta de joyas, todas comestibles. Muchas están ahí de toda la vida, otras son novedades, las hay caras y baratas, para el desayuno, para el almuerzo, para cualquier ocasión. Las hay muy elaboradas y sencillas. Tanto que, a veces, no le quieren entregar el tesoro entero, receta incluida, no ya por atesorar, sino porque les da cosa contarlo, que lo suyo, dicen, es muy corriente. Y sí: es corriente que entre Cádiz y Sevilla se coma bien, muy bien.

Pepe no piensa por ahora ampliar la búsqueda de tesoros a este y oeste. Y no porque no los haya, que tiene constancia de ellos, sino porque ya sigue pistas a ciento cincuenta pueblos. Inabarcable. No hay semana que no aflore un bar, una churrería o una bodega. Cuando menos lo espera, como las liebres. Cuando es el tiempo, como las setas. Me planto, dice, como tahúr de trastienda.

Tampoco pudo imaginar que la comida enseñara tanto, que en el mar y en el campo o en la barra y en la mesa se apostara tan de verdad por la vida, con tanta pasión. Ya no sabe qué le sorprende más: si la comida misma o las historias, los esmeros, los inventos, los proyectos, las lealtades de los que se empeñan en vivir dando comida. Hay mucha humanidad en ese surco.

Claro está que para sorprenderse hay que estar dispuesto a trabajar sin poner paredes al campo y ese es precisamente su estilo: apertura, liberalidad. Si algo está bueno, entra. No importa quién lo inventó, dónde lo hicieron primero, cuál es la receta exacta, que la cocina se repite todos los días muchas veces y por eso está viva y es ingobernable. La cosa es que se cocine, claro.

Tanto tesoro le quema entre las manos. No retiene, le da salida, que corra el aire. Da igual que sean diez, que cien, que mil, que ya son cinco mil entradas de establecimientos registradas, cinco mil noticias, cinco mil disfrutes. La voz se corre, de boca a boca, de móvil a móvil, que no pare, que da de comer a muchos, a él también. Pero además produce un efecto que le faltaba al modo de entender las cocinas de Andalucía. El de reconocer su prodigalidad. Es cocinas, en plural, que son muchas, diversas, impredecibles. Eso vale para casi todas las cocinas, al margen de lo ricas o gustosas que sean. No hay como mirar sin prejuicios para descubrir que la realidad va mucho más allá de los esquemas.

Encorsetar algo que se hace a diario varias veces, en muchas casas y en tantos bares que no da la vida para tanto, es una lástima. Cada vez que se habla de la cocina andaluza tipificándola en un puñado de recetas, que si los fritos, que si los aliños, que si lo andalusí o lo morisco, se está estereotipando algo tan vivo que incluso a un rastreador avezado, como es el caso, le resulta difícil seguir la pista a tanta diversidad. Cada vez que se restringe en una marca una realidad tan compleja como la cocina, se la empequeñece. La marca sirve a la empresa, pero desvirtúa la apreciación de la realidad. Es muy poca cosa para una Isla del Tesoro como la que transcurre de Cádiz a Sevilla, que en realidad es un cruce de caminos. La gracia de Cosas de Comé es que tiene más pulso que interpretación. Participan lectores, cocineros, productores, se produce el milagro de la multiplicación. No da tiempo a encorsetar. La realidad es demasiado pródiga y sabrosa. El milagro se desvela cada día y el tesoro se ofrece a cada boca.

Jugando a las cuatro esquinas

A Ricardo Arjona, a todos los hombres
que son alumbrados y alumbran
Sevilla

La esquina que más se ve se llama inteligencia artificial. En parte, porque tiene luz propia: resulta deslumbrante una tecnología capaz de anticipar plagas, de evaluar la productividad y la cosecha anual de frutos rojos, vides, olivares y hortalizas, de precisar cuándo y cuánto hay que regar. La aplicación de *big data* y *machine learning* a la agronomía rebaja costes, minimiza pérdidas, reduce pesticidas y ahorra agua. Afinar en la gestión de riesgos y de la toma decisiones en el campo, y predecir los tiempos de inserción en el mercado son claves para mejorar los beneficios y afrontar el cambio climático. Pedro Carrillo, Ricardo Arjona y su equipo lo han hecho, reduciendo la incertidumbre histórica de un sector económico que se consideraba disgregado e impredecible. Pero esta primera esquina recibe además la luz con la que medios y redes divulgan hoy de manera incesante una tecnología, la Inteligencia Artificial, que, siendo ya inevitable, genera según vire el discurso miedo o expectativas. La incertidumbre se ha desplazado de la naturaleza al tratamiento de datos.

La segunda esquina se llama poesía. Nadie la esperaba, pero cuadró en dieciséis poemas a las comidas y bares de su predilección: espinacas con garbanzos, boquerones fritos, langostinos... Empieza con las zanahorias aliñadas:

Sin pose, sin vigor,
raíz escaldada,
sólo queda el color

Sigue con la carrillada

La mimosa mejilla
que embelesa y fascina, tan jugosa,
que provoca sencilla,
que se ofrece amorosa
y se transforma en Belcebú, morbosa.

Y con la cola de toro

Fin del terror envuelto en el capote,
espanto y altivez, símbolo fiero,
mocho triunfal, adarga de un quijote
que reclama pasión, clamor y fuero.

Para terminar, dulce, con yemas, torrijas y bollos de Santa Inés.

Tender la mano a la comida, a la tierra, para iniciarse en el verso anuncia ingenio, habilidad, inteligencia y poder. Una mano abajo y otra arriba, que en la siguiente esquina apunta a lo más alto.

Esa tercera tiene luz interior, la más potente. Cruzó en diagonal y sus versos se alimentaron del pan de vida que es su fe. Diez poemas, diez imágenes, diez misterios. Carmona en la calle, la vega oscurecida en la Pasión:

Portón de la vieja iglesia,
los espartos hechos sogas
suavizan de amor su suelo
de espigas gastadas, rojas,
sangre a la tierra abrazada
de una pasión redentora.

La cuarta esquina es la más íntima, la Luz de su casa, la carne de su carne, la que ama y admira, y así lo profesa.

La noche se aproxima a su final
y aún disfruto del lujo de una cama
con mi esposa a mi lado, acurrucada.
Ya pronto el sol cernido por los pinos
llenará de matices la mañana
y la música de amores del jardín,
en esta primavera adelantada
que llena de fulgores los parterres,
hablará como un ángel mensajero.

No nació para callar ni para estarse quieto. Juega a vivir entre esas cuatro esquinas, vive en el juego de dejarse llevar, al tiempo que mide, atento.

Huevos contra la melancolía

A María Luisa García de Leániz y a todos
los que permiten ocurrencias
Ronda, Murcia y Sevilla

La receta de huevos contra la melancolía es infalible si se cuida de hacer bien. El primer paso es buscar una sartén grande, tan grande como personas haya en una casa aquejadas de melancolía más aquellos que quieran acompañarlas en su remedio.

Se cubre la sartén con un fondo raso de aceite sobre el que se dejan pochar cebolla picada y unos dientes de ajos tronchados. Cuando estén blandos, se añade pimiento verde picado y alguno rojo si es día de dar color. Una vez estén para comer, se hace hueco para dos huevos por persona y se dejan freír. Optativo, un poco de pimentón para pintarlos y obligatoria la sal. Previamente, alguien con buen ánimo habrá comprado pan del mejor que encuentre para sopear. Solo queda disponerse alrededor de la sartén y empezar a comer ayudándose sólo del pan. No se requiere orden ni urbanidad alguna, no es cucharón y paso atrás. Es día de mojar para la comunión de los sentidos.

Esta receta sirve para niños que se hayan caído o hayan tenido un disgusto, para jóvenes aquejados de amor o de exámenes, para poetas murcianos, para adultos sin perspectiva, aunque sea momentánea, siempre que estén dispuestos a empapar su pena con los demás y para todos los viejos que quieran enseñar y aprender.

La señora puede beber mientras tanto otra taza de café solo sin azúcar.